高职通识教育的构建与实施

韦 宏 著

苏州大学出版社

图书在版编目(CIP)数据

高职通识教育的构建与实施/韦宏著. —苏州:苏州大学出版社,2020.12
ISBN 978-7-5672-3416-1

Ⅰ.①高… Ⅱ.①韦… Ⅲ.①通识教育-教学研究-高等职业教育 Ⅳ.①G718.5

中国版本图书馆 CIP 数据核字(2020)第 242181 号

书　　名:	高职通识教育的构建与实施
著　　者:	韦　宏
责任编辑:	周凯婷
装帧设计:	吴　钰
出版发行:	苏州大学出版社(Soochow University Press)
社　　址:	苏州市十梓街1号　邮编:215006
印　　装:	镇江文苑制版印刷有限责任公司
网　　址:	www.sudapress.com
邮　　箱:	sdcbs@suda.edu.cn
邮购热线:	0512-67480030
销售热线:	0512-67481020
开　　本:	700mm×1 000mm　1/16　印张:9　字数:130千
版　　次:	2020年12月第1版
印　　次:	2020年12月第1次印刷
书　　号:	ISBN 978-7-5672-3416-1
定　　价:	35.00元

凡购本社图书发现印装错误,请与本社联系调换。服务热线:0512-67481020

目录 Contents

第一章　通识教育概述　/ 1
　　第一节　通识教育的含义　/ 1
　　第二节　通识教育的起源与发展　/ 2
　　第三节　中国通识教育的发展　/ 10
　　第四节　中国高等职业教育与通识教育　/ 12

第二章　本课题研究的缘起　/ 16
　　第一节　学风建设需要通识教育　/ 17
　　第二节　硬核职业技能需要"完人"教育　/ 19
　　第三节　本课题研究意在解决的主要问题　/ 20
　　第四节　本课题研究在国内外同一领域的现状与趋势分析　/ 21
　　第五节　本课题研究工作的重点　/ 23
　　第六节　本课题研究的创新点　/ 24
　　第七节　本课题研究的实践意义与推广价值　/ 25
　　第八节　本课题研究的过程　/ 26

第三章　如何理解中国特色的高等职业教育　/ 33
　　第一节　职业教育改革的纲领　/ 33
　　第二节　高等职业教育的春天来了吗？　/ 37
　　第三节　如何理解具有中国特色的高等职业教育？　/ 38

第四章　通识教育对于高职学生的意义 / 44

　　第一节　优秀的综合素养是所有学生一生的财富 / 52
　　第二节　职业技能替代不了职业素养 / 55
　　第三节　培养学生的终身职业能力是职业院校的责任 / 56
　　第四节　培养综合职业素养离不开通识教育 / 59

第五章　高职通识教育实施的途径 / 63

　　第一节　发达国家高职通识教育的启示 / 63
　　第二节　高职院校实施通识教育的着力点 / 65
　　第三节　完善人才培养方案 / 68
　　第四节　改革课程设置与专业选择规则 / 77
　　第五节　构建分类培养的立交桥模式 / 89
　　第六节　培养学生的终身学习能力 / 91
　　第七节　探索多样化的教学方法 / 121
　　第八节　全员参与技能比赛 / 125
　　第九节　邀请本科院校为高职学生开设部分通识课程 / 126

第六章　中国高等职业教育实施通识教育的趋势 / 129

　　第一节　让教育回归教育的本质 / 130
　　第二节　应用型本科职业教育发展的启示 / 132
　　第三节　职业型高等学校的未来 / 134

参考文献 / 137

第一章 通识教育概述

第一节 通识教育的含义

通识教育的英文是"General Education"或"Liberal Study"。19 世纪初美国博德学院（Bowdoin College）的 A. S. Parkard 教授第一次将通识教育与大学教育联系起来，为受教育者提供通行于不同人群之间的知识和价值观。后来越来越多的学者们对通识教育进行了探讨研究。到今天，全球的高等学校对通识教育的研究和实践从未停止。

很多学者认为通识教育就是西方教育中的博雅教育，事实上它们既有密切的联系，也有区别。"通识教育"一词是伴随着博雅教育的发展而出现的。19 世纪初，工业革命使得高等教育大众化、职业化浪潮不断冲击着大学沿袭的古老的博雅教育传统，很多大学开始关注实用技术，一些过去被置于大学象牙塔之外的应用技术类的科目纷纷涌入很多大学的课堂，并且在大学确立了较高的学术地位。面对这种职业化的技术浪潮的挑战，一些古典学者积极倡导回归"博雅教育"传统。耶鲁大学在《1828 年耶鲁报告》中，重申大学的目的在于"提供心灵的训练和教养"，认为古典博雅科目是这种灵魂训练的最佳选择，排斥职业导向的实用科目。1829 年，A. S. Packard 教授在《北美评论》上发文支持

《1828年耶鲁报告》，并在美国历史上首次使用"通识教育"（General Education）这一词语，强调共同科目学习的必要性，拉开了美国通识教育的序幕。

可见"通识教育"与"博雅教育"确实是同源，但是通识教育出现较晚，内容上不仅包括了"博雅"的"自由七艺"，而且融入了"七艺"所未曾涉及的自然科学和社会科学的科目。发展到今天的"通识教育"体系一般涉及人文、社会和自然三大知识领域。

第二节　通识教育的起源与发展

一、博雅教育的"自由七艺"

了解通识教育的起源，要从西方的"自由七艺"说起。就是在"自由七艺"的基础上，形成了今天所称的"博雅教育"（Liberal Education）。那么"自由七艺"包含哪七艺呢？一般而言，七艺被分为两个层面。前三艺（trivium）包括语法、修辞、逻辑，即教人如何理解文字、运用语言以能够通晓明畅地阐释思想。中国古代也往往强调"读书先须识字"，与之有异曲同工之妙。在三艺的基础上，则可以更进一步地学习后四艺（quadrivium），即算术、几何、音乐和天文。可见，"七艺"的"艺"并非现代对"艺"理解的"艺术"，而是古代的知识分支。七艺是古代西方人用来对各种知识进行分类的最基本的分类标准。

"自由七艺"的起源可以追溯到古希腊时代，同当时城邦的日常社会生活紧密相关。古希腊时代的雅典采取民主政体，即所有重大事务需要公众讨论并以投票形式解决，这里的公众是指本城邦的自由人。在这种体制下，如何说服别人相信自己的政见，并将之付诸实施，就需要非常高超的演说和辩论技巧。这一传统在英美等国今天的选举、公投中依旧体现得极为明显。当时的智者学派（Sophist）中许多人以教授论辩演讲技术为生，训练年轻人如何运用华丽的修辞、雄辩的风采和丰富的逻辑技巧来参与城邦治理。因此，演说论辩所需要的语法、修辞和辩证法（逻辑）就成了最基础的训练。语法强调用词的准确性；修辞注重演说的流畅和感染力，使之富有文学色彩并能打动人心；逻辑则是采取辩证法的思维方式，使整个演说条理清晰、论证合理，并能善于发现和利用对手的漏洞。

古希腊伟大的教育家、数学家、哲学家和思想家，被称为"希腊三贤"（柏拉图、苏格拉底、亚里士多德）之一的柏拉图在《理想国》中提出：算术、几何、天文、音乐，以及文法、修辞、辩证法，都是能将灵魂引向终极真善美的学问。这些学问能够使人超越眼前具体的事物，学习并探究一种普遍性的法则，从而使学习者超越功利的目的，转而关心内在的价值并实现内心自由。有趣的是，柏拉图还将这些学问分为初级和高级两个阶段。比如说，学习算术的初级目的是用于军事和贸易计算，而在高级阶段则能通过对数字规律的把握将人的灵魂引向"理念世界"；几何的初级目的是用于农田测绘、土地分割，而到了高级阶段能够获取逻各斯（Logos）本身凭着辩证的力量而达到的那种知识；天文学不仅能用于航海和农业，能从天体运行中体会到恒常变化的真理；音乐既可以用来鼓舞士气、娱乐民众，在高级阶段更可使人在可闻之声中寻求音乐与数的关系，从而理解世界的和谐。

柏拉图在最早的文法、修辞、辩证法（逻辑）三艺基础上增加了算术、几何、天文、音乐四个"学科"，至此"自由七艺"正式形成。到罗马共和国和罗马帝国时代，"七艺"作为受教育的知识基础继续流传。之所以将这些学科称为"自由艺术"（Artes Liberales），是因为在许多罗马公民（尤其是读书人）看来，一个人若想获得真正的自由，就应当接受这些学科的教育。这一点也呼应了亚里士多德在《政治学》中所表达的观念。亚里士多德甚至宣称，一个人是自由的还是受奴役的，不仅仅是指他在社会中的身份，也与人的本性相关："那种在本性上不属于自己而属于他人的人,就是天生的奴隶,可以说他是他人的人。"[1] 学习"自由七艺"的本质,就是希望人能够通过阅读、思考和理解这个世界,发现自己的本性,从而达到最终的自由境界。

古罗马著名的哲学家、作家、雄辩家西塞罗和古罗马著名的教育家昆体良对"自由七艺"的发展也发挥了巨大作用。他们的作品不仅在罗马时代被奉为圭臬,而且一直到文艺复兴时期都是拉丁文写作的最高标准。西塞罗强调,在法庭辩论、政治协商或者公众演说当中,演说家们一定要有足够的语言修养,能够运用纯净、准确、清晰的拉丁语表达自己的思想,而且整个演说要有诗歌的韵律和音乐的节奏。在语言研究之外,西塞罗也强调了几何、文学、诗歌、自然科学、伦理和政治的重要性。与西塞罗同时代的瓦罗又增加了医学和建筑,从而使自由艺术成为九种。昆体良认为语法是一切高级教育的基础,并根据社会背景和语言自身的发展,引入了更为复杂且精确的语法体系和更多的修辞手法。虽然在自由教育中后四艺的地位明显不如前三艺,但其重要意义不言而喻,正如昆体良所说,默默无言的蜜蜂从各种各样的花朵和汁液中酿造出人类智慧所不能企及的具有奇异芬芳的蜂蜜,上天所赐予人类的卓越雄辩之才也需要其他学问的支撑。

9世纪西欧世界赫赫有名的大学者爱留根纳仿照"自由七艺",将人类社会所必需的七门技艺总结为"机械七艺"(Artes Mechanicae),包括制衣、农艺、建筑、军事技艺、商贸、烹调和冶金。这与我们高职教育的技术技能培养目标有些许相像。到12世纪,神秘主义美学人物代表圣维克托的雨果根据当时的社会发展,分别用航海、医学、戏剧取代了商贸、农艺、烹调,不仅使"机械七艺"的地位有所上升,更明确反映出西欧在中世纪盛期的社会剧变。

这种自由七艺的教育传统一直影响着发达国家的教育体系。虽然现在许多具体的教育观念经过了文艺复兴、启蒙运动和社会的变迁,与古代和中世纪的教育理想不甚相同,但是教育的最高理念仍是通过知识的

---

[1] [古希腊] 亚里士多德著,颜一编:《亚里士多德选集·政治学卷》,北京:中国人民大学出版社,1999年,第245页。

学习、思考的训练和道德的教化，以塑造健全、理性而自由的人。

"博雅教育"正是以古典"自由七艺"为核心的教育，"博雅"的拉丁文原意是"适合自由人"。顾名思义，旨在培养具有广博知识和优雅气质的人，让学生摆脱庸俗、唤醒卓异。其所成就的，不是没有灵魂的专门家，而是成为一个有文化的人。博雅教育一直被西方教育视为贯通知识、羽化心性、造就高贵精神气质的必要手段。

通常我们说的"全人"，指的就是一个接受过"博雅教育"的自由公民。古希腊有一个关于古希腊哲学家第欧根尼的"全人"故事：某一天中午，有一个人，在光天化日之下，提着一盏点着的灯笼穿过市井街头，碰到谁他就往谁的脸上照一照。被照的路人问他何故这样，他回答："我想试试能否找出一个人来。"

这个怪人就是古希腊哲学家第欧根尼。他这句话的言下之意是，他碰到的都不是"一个人"，最多也就是"半个人"，而他要找的是一个"全人"。那么怎样的人才是"全人"呢？第欧根尼认为，一个"全人"应该是一个接受过"博雅教育"的自由公民，也就是"全身心发展"的人。

二、美国大学通识教育的精髓

到了近代，源于古希腊"博雅教育"的通识教育成为美国高等教育的精髓。很多顶尖大学是特别具有通识教育代表性的大学。

在美国有这样一句话：先有哈佛，再有美国。因为1776年美国独立的时候，哈佛大学已经成立140年了。当时，几乎所有的美国独立运动的先驱都毕业于哈佛大学。哈佛大学从1636年建校至今，一共培养出了8位美国总统和160位诺贝尔奖得主。它甚至还造就了当今世界上最成功的两位"辍学生"：微软的创始人比尔·盖茨和Facebook的创始人扎克伯格。

其实，哈佛在最初建校的200年里，并没有这么厉害。因为哈佛最早是由美国殖民时期的一批清教徒创立的，所以在很长的一段时间里，哈佛的领导者都是由神职人员担任的，课程设置也带有浓厚的基督教色彩，与现实社会严重脱节，学生没有选择的权力，更别说学习的热情了。

那么哈佛究竟是如何成为今日的哈佛的呢？这恐怕要从哈佛的第21任校长，被罗斯福总统誉为"共和国第一公民"的查尔斯·W. 爱略特说起了。1869年，35岁的化学家查尔斯·W. 爱略特担任哈佛大学第21任校长。一上任，他就提出，哈佛的教育必须"覆盖全人类的知识"[1]。

爱略特将哈佛大学从原先狭隘的宗教信仰中解放出来；课程从70多门急速增加到400多门；学生可以自由选修政治、文学、艺术、哲学、经济、历史等各个领域的课程；教师从49名增加到了278名，他们鼓励质疑和争辩，来激发学生的学习动力；查尔斯·W. 爱略特还出版了"哈佛经典"系列，囊括了人类历史上各个学科领域最重要的著作，代表了一个现代文明人所必须知道的那些知识和素养。

正是博大的通识教育，改变了哈佛，也改变了整个美国教育，有人认为爱略特上任的1869年，同样可以看作现代美国的出发点。

那么，哈佛通识教育的核心究竟是什么？1945年，哈佛大学发布了《自由社会中的通才教育》，这就是通识教育领域著名的"哈佛红皮书"，也是通识教育领域的纲领性文件。"哈佛通识教育红皮书"中说，哈佛通识教育旨在培养"全人"（Whole Man）。什么是全人？就是"好人（Good Man）+ 正直的公民（Good Citizen）+ 有用之人（Useful Man）"的总和。我们的高等教育（包括高职教育）培养的人才不也是需要具有上述三个特征吗？没有这三个素养，从哪里谈起"人才"？我们今天研究的课程思政也体现出"全人"教育的内涵。

哈佛的通识课程分为8个类别，横跨自然科学、人文科学和社会科学，有数以千计的课程供学生选择。所有见识过哈佛选课课表的人，一定都被好几千页的课表所惊艳到。有人比喻哈佛的通识教育才是全世界真正的人文教育：引领一群孩童，突破由事务主义引起的短视，来到星

---

[1]［美］查尔斯·W. 爱略特主编：《哈佛经典》，沈阳：万卷出版公司，2006年，第3页。

空之下，整个世界，政治、经济、文化、历史、数学、物理、生物、心理，像星星一样在深蓝的天空中闪耀，大人们手把手地告诉儿童，那个星叫什么星，它离我们有多远，它又为什么在那里。

法国著名作家蒙田讲过一个故事，有人问苏格拉底是哪里人，苏格拉底不说是"雅典人"，而回答自己是"世界人"。蒙田感叹苏格拉底终究是苏格拉底，视宇宙为自己的故乡，把自己的知识投向整个人类，与全人类交往。哈佛通识教育的目的就是培养苏格拉底式的"世界人"——他关注周遭，更关注远方；他关注切近，更关注历史；他关注实际，更关注价值。

哈佛所有的本科生在大学一年级都必须学习"写作"课程，而作为必修课的"写作"完全突破我们对传统意义的理解。大学在学生入学之前先对学生的写作基础进行测试，测试的方法可能是阅读一篇哈佛著名教授发表的论文，学生写出自己对文中观点和内容陈述的认同点和不认同点，并给出科学论证。必须写出自己对文中部分观点的驳斥，提出自己的观点，不能只是赞同大咖教授的观点。测试时长是五天，根据测试结果分初级写作班和中级写作班。而初级写作班在经过学习之后依旧要完成中级写作班的学习。我们可以明显看出写作课程的目的包含培养学生在仔细阅读的基础上的思辨能力，大胆质疑、积极提问、科学论述、勇敢想象。看似文科课程的写作在哈佛的通识课程里，教育的意义远远大于我们认为的"文学性的描述"。这就是东西方写作课程的内涵差异。在中国的中学教育里，已经非常重视语文的教学，可是我们的写作能力培养依然离不开看范文、读名家的"语言"——华丽而晦涩的语言往往贯穿整篇作文，更加不可能把全国知名的专家的文章拿出来让学生进行批判性的阅读和写作。可是西方国家的写作不仅仅是"写"，也是科学思维和逻辑分析能力的培养，甚至是未来做专业研究撰写专业论文的基础，没有大胆的质疑和科学的逻辑思维、想象能力，哪来的真正学术和科学创造？

而哈佛的必修写作课里又有多个不同的写作主题可供选择，每个授课教师都有自己独立的写作主题，一个学期的写作课都会按照这个主题展开深入推进。打个比方解释一下，如果一个哈佛在校生选择了以火星题材的电影为主题的写作课，那么该学生将在写作课里学会"看电影"，把电影的拍摄艺术、天体物理的科学知识、电影故事里的伦理道德、社会现象的联系等跨越人文、艺术、科学的知识都以电影为载体串联在一起，每一次深入地探讨都是看、读、想、说、写、辩的结合。也许这就是世界顶尖大学通识教育的一个缩影吧，值得我们仔细了解并学为所用。

再比如哥伦比亚大学，在20世纪初开设了通识教育课程，在今天最具特色的哥伦比亚大学教育课程必然提到其"核心课程"，核心课程非常具有学术挑战性，因为它涵盖了所有本科学生所必需的基本知识和学术领域。这种"打包式学习"可以培养学生的创造性和批判性思维，增大社会了解面，对他们有受用终身的意义。

哥伦比亚大学有九大方面的核心课程，学校要求每一个本科生在大一、大二修完如下系列的课程，并获得相应的学分。

- 外语：4个学期，可通过相应的测试。
- 体育：4个学分，还需提交游泳考试成绩或者"大学健康表格"。
- 科学：选修三门，至少9个学分。
- 艺术：介绍西方艺术史。
- 文学：阅读当代文学作品。
- 音乐：鉴赏西方音乐史。
- 历史：介绍西方历史问题。
- 文化：非西方文化介绍。
- 逻辑与修辞：锻炼批判性的思维及清晰的口头和书面表述。

这九门核心课程，看似涉及不同的知识领域，实则知识之间都有相互联系。而且美国大学对于各类课程都有先行后续的选课安排，更有助于学生吸收课程内容。同时，哥伦比亚大学的核心课程并不是与自己未来的专业兴趣完全脱节，学生有广阔的选课空间，可以将通识类课程和自己喜爱的专业领域联系起来，实现更高水准的通识与专业相结合的高等教育。

再看极其崇尚学术的芝加哥大学。芝加哥大学把核心课程分为三大类：

（1）人文、文明、艺术

（2）自然科学、物理、数学

（3）社会科学

根据芝加哥大学对核心课程的介绍可知，其核心课程的意义首先在于学生能够把在一门学科中学到的方法，运用到另外一门完全不同的学科中。这就是知识的交互性。举个例子，一个学工程的学生，可以把在数学课和物理课上学到的逻辑与推理方法运用到解决工程问题当中。甚至在以后的工作中，核心课程所带来的知识积累，能够解决大部分问题。其次，很多刚进入大学的学生并没有准备好接受专而精的学术课程，所以核心课程不仅是一个积累的过程，还是一个过渡的过程，学生在"核心课程"的学习中渐渐明确兴趣方向，为专业选择与学习做好准备。这也是美国大学独特的教学方式，那就是知识技能搭轨工作需求。帮助学生在职场上成功，不仅仅是提供所需专业知识，更多的是思维模式的培养和经验的积累，这也是通识教育和核心课程的最终目的。

虽然不同的学校有不同的分类，但美国大学的通识教育体系基本可以划分为九大类别：

1. 写作

主要讲授具有学术意义的写作的基本纲要，包括如何立论点，引论证，找证据，得结论等。

2. 专业写作

讲授更高级的写作技巧，常常与专业课相结合，提升学生在专业领域方面的阅读和分析能力，从根本上避免了空有一肚子知识，但没有整合和分析写作的能力。

3. 西方文化研究

涉及欧美的文化和历史——美国人重视眼前的社会，更重视历史文化的溯源。

4. 少数文化

指的是非西方文化的研究，包括对亚洲、非洲、大洋洲等地的文化研究。

5. 人文与艺术

这类课程通常比较靠近艺术方面，涉及面很广，比如涉及音乐史、作品赏析、文学作品研究等知识。

6. 语言

大部分学校会开设各个语种的课程，常见的有法语、德语、俄语、西班牙语、日语等。

7. 数理逻辑

偏理科方向，涉及数学、物理、编程、统计学等方面的专业知识。

8. 社会与行为科学

包括心理学、人类研究、经济学、社会学等学科知识。

9. 自然科学与技术

涉及物理、化学、生命科学、天文地理等大方向的内容。

可以看出，部分学科之间交叉、互有联系，而且与学生未来的专业课程都有先导后续的连接关系。如此丰富的课程就如同超豪华五星级酒店的自助餐，既是自由选课，也是享受和满足，学习虽然具有挑战性，但是"找到喜欢吃的东西总归都能吃进肚子里"。

第三节　中国通识教育的发展

前文我们已经提到中国先秦时期的"六艺"教育与古希腊的"自由七艺"相似，汉以后中国还有儒家教育开始流行。六艺教育注重综合知识和技能，而儒家教育偏重人格和人文质素。其实，知识技能和人文修养合二为一，不就是我们今天所讲的"全人"教育吗？所以说，中国通识教育的思想也是自古有之，源远流长。《易经》中主张"君子多识前言往行"；《中庸》中主张，做学问应"博学之，审问之，慎思之，明辨之，笃行之"。

但中国的大学教育在漫长的历史进程中没能得到发扬光大，时至今日，优质的通识教育课程依然是中国教育市场上最稀缺的内容。大学生如果出现以下反应，那一定是其还没有学到通识教育的精髓：觉得自己学的东西太过于"学术"，根本没有在实践应用过；觉得自己像一个"书呆子"，掌握了领域内的东西，却无法融入社会；觉得自己缺乏最基本的沟通和思考的能力，对如何实地解决问题毫无头绪。

在这些情况下，也许我们应该把目光转向美国大学的通识教育，进行学习、比较、优化应用。通识教育对于中国高等教育不是新鲜的概念，可是当中国众多高校纷纷推行通识教育时，不少学校遭到了"水课""混学分"等种种质疑。即使照搬了哈佛的课程体系和选课形式，我们依然不能触及通识教育的核心。只有真正深刻理解通识教育对于国家发展的重要意义，从思想上重视通识教育的实施，才能实现真正的素质教育。

其实随着我们国家推动素质教育政策，中国很多本科院校开始借鉴美国的经验，推行通识教育计划。中国通识教育在现代的发展大致可以分为三个阶段：

1940—1977 年：以技术和专业教育为核心，通识教育难觅踪迹。

1978—1994 年：高等教育策略调整阶段。

1995 年至今：开启关注人文素养、通识教育的全新探索。加强思政教育、学习与传播中华传统文化、高招政策转变、强基计划等也是深入探索中国大学通识教育的举措。

虽然近五年来，中国顶尖大学更加注重通识教育改革，选修课程的门类、教学内容的要求、校园文化的建设、学术氛围的营造等各方面都在越来越向世界一流大学迈进。但是在中国大多数人的认识中，大学的课程依然只有专业课和选修课之分，即参加大学志愿填报时就要选定一个特定的专业，然后学习领域内的知识，比如持续不断地学习工程类、商科、计算机知识等。这就会导致上述所提到的情况，学生们可能很好地掌握了这些专业知识，但是学术分科太过专业、知识被严重割裂等问题，使他们无法顺利地与社会接轨。

现在，国家已经在大力推行中小学阶段就要把"素质教育"落到实处（我国的基础教育阶段的素质教育类似于通识教育），未来可能把音乐和美育纳入中考总分，以促进家长、学校和学生对于艺术的重视，学生的学习生活中不能只有考试分数而没有人格的塑造。只有提升全民族素质，实现中华民族的伟大复兴，培养公民真正的综合素质，民族的未来才有希望。

第四节 中国高等职业教育与通识教育

中国本科院校对于通识教育的研究与实施已经渐渐普及，只是很多高校对于通识教育的课程设置还不够科学，大学和学生依然存在"重专业轻通识"的风气，有些大学的通识教育的选修课更加就是"水课"，教师以完成教学任务为目标，学生以容易得学分为追求。

而对于高等教育队伍里的高等职业教育，则是根本鲜少有人提及通识教育。从某种角度来说，通识教育对于中国高等职业教育来说是一个较陌生的概念，高职院校历来以技能训练为重，如今在国家政策要求下增加了对思政教育的重视。很多高等职业教育工作者认为通识教育是本科教育的事。

其实我们从通识教育的源头"自由七艺"的发展进程可以清晰看到这种"艺"与技术技艺的关系。爱留根纳仿照"自由七艺"，将人类社会所必需的七门技艺总结为"机械七艺"，包括制衣、农艺、建筑、军事技艺、商贸、烹调和冶金。后来，神秘主义美学代表人物圣维克托的雨果分别用航海、医学、戏剧取代了商贸、农艺、烹调。机械七艺不就是我们今天所说的技能吗？所以西方古代的教育并不是我们认为完全抛弃专业和技术的教育，发展到今天的西方通识教育，我们在仔细研究后，不难发现其与后续的专业教育是互相穿插和互相成就的关系，完全不矛盾，有机融合，共同构成了西方发达的大学教育。

作为把培养技术技能人才作为人才培养目标的高等职业教育，为什么不能实现在适当的"全人"教育中完成职业技能的培养呢？西方古代把机械七艺作为通识知识进行推广，每个人学习的并不是只有一种技能，而是涉及多个行业的多种技能，这不就是和今天的职业教育"1+X"证书制度有异曲同工之妙吗？

根据笔者的了解，现阶段中国高等职业教育的通识教育还处于新生期，有少数的高等职业院校提出高职教育融入通识教育，提出专业教育与通识教育并举，但是还远没有真正构建通识教育体系和实施途径。浙江省和江苏省的职业教育在全国处于领先水平，部分院校有一定的综合素质培养方法。例如，据2020年8月11日《中国教育报》报道，浙江机电职业技术学院采用德国"双元制"的育人模式，学校导师侧重理论知识及研发技能培训，提升学员综合素质。企业导师注重技能提升和工艺改进，每人带徒弟不超过5人。具体实践通过双元制带动"三教改革"，企业不跑，教师跑，为企业输送优秀的技术人才。而作为第一所职业大学的发祥地，江苏的职业教育创造了全国职业教育领域的多个全国第一。始终坚持立德树人、服务学生终身发展，是江苏职业教育的发展理念。积极推进"三全育人"，培育和践行社会主义核心价值观，培养"德技并修"的高素质人才。

在我们的职业教育发展还不成熟的今天，高职教育工作者们都在致力于学校各项成果荣誉的积累，追求学校的社会名誉和影响力，难以有精力来发展耗时耗力耗心血却不能短时回报荣誉的通识教育。大部分的高职教育课程体系分为：（1）公共基础课；（2）公共选修课；（3）专业基础课；（4）专业课。

思想政治教育、数学、英语、体育、音乐、人文类的课程一般是划归为公共基础课程和公共选修课程。公共基础课程是各专业学生必须开设而且统一备课统一上课统一考核，比如思政课、数学课、英语课等。而公共选修课则是走的"自由化"方式，门类杂乱，教师自由开设，只要有足够的人数（例如30人以上）选课。因此，高职学生也自然形成

"重必修轻选修""重技能轻知识"的学习态度,由此涵盖通识教育特点的选修课沦为学生"混学分"的"水课"。即使有教师希望能够开设丰富学生视野和启发思维的通识教育类课程,学生的第一反应往往也是疑问"是否有利于以后找工作""以后工作用得着这些知识吗",这样以功利性目标为导向的状态显然让教师难以凭一己之力推广通识教育。所以在高等职业院校中推广通识教育的理念,必须自上而下地推广,必须领导有此理念,学校有政策保障。

那么目前是不是意味着高职教师就不能为通识教育的推广和架构做些什么了呢?笔者认为,教师依然可以做力所能及的努力,把学生培养成具有终身学习能力的"全人"。这个世界从来都不存在终身职业,唯一以不变应万变的就是终身学习能力,一种离不开通识教育培养的能力。笔者认为,高职教师可以从以下几个方面来实现具有高职特色的通识教育。

1. 塑造通识教育与技术技能教育并举的理念

不论是在课堂里还是课余指导学生,都把这一理念不遗余力地传递给学生,唤醒学生对学术的尊重、对学习秉持端正严谨的态度,养成良好的学习习惯,从而彻底扭转目前不甚理想的学分制。其实这也是思政融入每一门课程的体现,是师者的责任。教育的根本目的在于"唤醒",而不是"教授"。

2. 专业课教师在通识教育的视野下设计专业课教学

目前高等职业院校的专业课程都是实行理实一体化的教学模式,即学中做、做中学。教师在教学方法、案例设计、学习考核等方面都尽力融入通识教育的内容,达到通识中有专业,技能中也有通识的理想状态。

3. 增加与学生的人文互动

根据笔者的了解,职业教育学校的课堂里,学生对课堂学习的积极性难以持久,很少能提出问题,不愿与老师和同学针对学习内容进行互动交流。而事实上提问、交流本身就是一种通识教育形式。因此,教师要多花精力去激发学生提出问题、增加与每位学生的课上课下交流机会，而不是只有知识点传输和技能的机械联系。

4. 增加学生的阅读量

教师需要改变以前用固定教材上课的方式，学校订购使用的教材作为上课的主要参考，同时为学生准备适当的与专业知识和技能培训密切相关的学习资料，让学生自由阅读，阅读后使用阅读的知识来完成规定的项目任务。如此，学生为了完成任务，将会"被迫"去阅读，在阅读中自然就会思考。日积月累，大量的阅读不但会丰富学生的知识面，拓宽他们的视野，而且使他们学会在喧嚣的世界中沉静下来去思考。学会一项职业技能并不难，但是知道自己未来该怎样规划职业则很难。

5. 借助校企合作引入企业文化教育

职业教育强调校企联合办学，各专业都需要找到对口合作的企业，而深度的校企合作应该是持久的合作。怎样才能开展持久合作呢？当然需要得到一届又一届学生的认可。怎样才能让学生认可呢？笔者认为，让学生对企业文化产生认同非常重要。企业能为学生提供的岗位和薪酬固然重要，可是企业文化才能成为持久维系的纽带。因此，校企教师在共育学生时，可以加大对企业文化的传播。让学生未来对自己所效力的公司产生文化的认同本身就是大国"工匠精神"不可或缺的内容。

笔者认为，高等职业教育院校研究和实施通识教育，并不是全面"通识"，也不是和学术型本科一样的"通识"，而是具有职业教育特有的通识教育体系，通识教育是为了实现更好的职业教育，技术技能的学习也可以有通识教育的形式，技术技能人才一样应该成为具有良好社会认知和适应能力的"全人"。具有中国特色的高等职业技术教育离不开具有高等职业教育特色的通识教育。

第二章 本课题研究的缘起

我国著名教育家杨叔子先生在2010年接受《财经》记者采访时说："我们的教育失去了人，忘记人有思想、有感情、有个性、有精神世界，就失去了一切。"培育具有创新精神和创新能力的高素质人才必须实施通识教育。

近年来通识教育成为我国高等教育改革的突破口，一大批高等院校在积极探索突破通识教育困境的方法。高职教育作为高等教育的重要组成部分，也需要把通识教育作为人才培养方案的关键词，但是在现实的高职育人理念中鲜少听到"通识教育"。笔者在经过长久的教学实践和对学生的观察后，深感高职实施通识教育的重要性和急迫性。

高职教育需要"软硬兼施"。"软"是指育人而非教人，重在实施把学生培养成全面发展的人的博雅教育，即通识教育。"硬"是指教授与专业匹配的专业理论和专业技能，即专业教育。对于20岁左右尚未定型的学生，人文素养和科研精神的熏陶尤为重要。高职教育人才培养的主渠道应该定格在通识教育与专业教育并举，彼此相互依存却又不可互相替代。

高职教育的重点如果只有"专业和技能"，未来技能操作如果实现了"无人化"，缺失大学精神和职业精神熏陶的"工具人"将没有市场。

本课题意在通过研究高职院校通识教育的构建和实现途径，探索高职院校最有效的素质教育的实现方式，培养学生可持续发展的职业能力，提升学生职业素养。

第二章 本课题研究的缘起

第一节　学风建设需要通识教育

笔者所在的高职院校于2004年由两所中专学校合并升格而成立，在学校成立之初我们对于高等职业教育的"高等"充满了兴奋和期待，因为学校由"中专"升成"大学"了，一跃而为"高层次"。与此同时，我们也开始接受"大学教师"的优雅定位。在刚成为"大学教师"的那几年，老师们都在辛勤地摸索新的课程教学内容、新的教学方法和手段、新的人才培养方案。学生由过去的初中毕业生变为如今的高中毕业生，初中毕业生和高中毕业生在年龄、心智、知识基础等方面显然都有非常大的差别，老师们对新的培养对象在过去重视的基础上更是增加了谨慎。而那时的学生确实也没有让老师们失望，他们学习态度端正、勤勉谦虚、智商与情商"双商"在线。徜徉在校园里，我们能够感受到明显的"大学"氛围。回想前些年笔者上课的情境，有时是给上百号学生上合班课，虽然不能每次课都给予每位学生互动的机会，可是依旧能够明显感觉到学生对知识的渴望和对学习的兴趣。没有学生上课玩手机或睡觉，课堂就是课堂该有的模样。

然而近十年来学校的学习氛围越来越不浓，近五年学风更是每况愈下。笔者认为一方面的原因是随着本科院校的扩招，进入高等职业院校的学生高考分数越来越低，某种角度上可以理解为学生原本的学习能力和学习基础较薄弱；另一方面则是因为智能手机、网络普及等因素使得学生有了越来越广泛的社交和娱乐，转移了对学习的兴趣。当然由于种种原因，学校对学风和学生学业成绩的管理也外紧内松，从而更让学生有"可玩之机"。笔者经常思考怎样才能尽一己之力让学生有所改变，也在教学方法方面做了很多尝试，努力改变学生对待学业的态度。具体的方法如下：

1. 每次上课前都强调课堂学习的态度，明确说明不允许玩手机、玩游戏、迟到早退、睡觉

然而这样的规定只能管用十几分钟，超过十分钟，这些规定基本就会被学生遗忘。因此，一次课90分钟教师需要在中途停下若干次，以进行规则的提醒，不仅影响教师上课的进度，而且上课内容不停地被打断，也影响了教师的授课情绪，还激起少数学生的心理冲突，觉得教师总是盯着他们不放过。

2. 教学方式按照时下流行的方法"讲、学、做一体化"，做中学，学中做

这是职业教育的普遍要求，大部分职业教育教师都按照这个要求进行教学设计。然而由于班级人数众多，教师难以时刻关注到每一个学生的学、做过程，如果给学生分成若干小组，每组里也总是会有近一半的学生在跟着"划水"。无论怎样设计教学手段，教师依旧感觉力不从心，难以促使全体学生都达到教师预期的教学效果。

3. 课堂上采用连续性提问讨论的方式推进教学效果的实现

大多数学生对于被点名提问会产生积极趋向的应对，有一定的瞬间能激发倾听的效果。但是全班有50多位学生，每次课每位学生能够轮一遍被提问的机会已经很不容易。最令笔者头疼的是超过六成的学生虽然对被提问产生紧张感，也希望能够顺利应对笔者的提问，但是一般都有如下的障碍：不知道笔者提问的问题是什么；自己提不出问题；知道讨论的问题，但是完全不知道该怎样回答；回答得相当牵强或者肤浅，缺少有价值的思考；从被提问到挤出几句回答，需要占用很长的时间。总之，这种方法有一定的效果，但是耗时过长，影响教学内容的如期推进。

4. 将全体学生分成两大阵营，进行团体对抗

每学期笔者会组织两次团体对抗的课堂活动，作为教学项目讲授后的技能训练。笔者把对抗的项目背景设计好，设计出正、反两方的观点，或者设计出两种不同的方案，分别交由两个团队进行讨论，之后由两个团队进行支撑己方观点的理由陈述，最后双方展开求同存异的沟通，达成一致。每一个团队的得分由以下因素决定：理由陈述的逻辑性和全面性，陈述观点的学生的人数，团队在活动过程中的专注度和参与度，活动过程中的言谈礼仪和沟通技巧。根据笔者的教学体会，目前此方法得到的响应积极性相对较高。尤其在观点辩论进入高潮时，即使平时上课不够自律的学生也会被现场热烈的气氛吸引。因此，笔者认为这是比较有效的一种教学方法，但是不可能每一次课都开展带有辩论和对抗性的课堂活动。如果每次课的课堂都跟辩论会一样，时间久了人很容易疲劳；而且现场活动依然还是需要理论讲授和情境分析及大量的课前准备，才能保证课堂活动的质量，否则，即使现场参与辩论或讨论的热情较高，但是与知识点或技能点的紧扣程度也是不够的。

以上是笔者在既往的教学中为了提高学生的学习专注度而采用的几种方法。事实上，每位老师在课堂中都会有类似的苦恼，但是并非每位老师都会有足够的时间和精力去挽回每况愈下的学风，因此，也就难以形成大规模的合力来持久改变现状。

身为教师，面对这样不重视学业的状况，笔者时常陷入思考：为什么学生对学习的渴望不高？根源在哪里？怎样才能彻底扭转学生对学习淡漠的态度，能让一代代学生都继承优良的学风？怎样让高职教育也体现教育的本质？

第二节　硬核职业技能需要"完人"教育

高职院校对于学生培养的重点，几乎清一色的论调都是"技能人才"，鲜少会讨论如何把提高学生的终身学习能力作为人才培养的话题，而学生也形成统一的轻学识重技能的态度。殊不知，技能也需要技术类知识，学技能也需要与学知识一样的态度、习惯和学习能力。更何况学会一项技能并不意味着在未来的职业发展过程中就一定用得上、足够用。拥有终身学习能力，具有超越职业发展的知识与技能才是万全之策。

怎样才能让学生真正理解并重视学习，从而爱上学习？怎样能够让学生在未来具有很强的职业迁移能力以应对未来社会的千变万化？怎样让学生在高职教育中得到终身学习能力的培养？

在思考上述三个疑问时，笔者渐渐意识到我们的高等职业教育需要从根本上直视问题的存在，通过"教育"的本质来扭转和解决问题，也就是完成了对学生"完人"的教育之后，再谈技能教育。我们的人才培养方案需要融入"完人"教育，课程设置需要体现高等职业教育中的通识教育。

于是我们开始了课题研究——"高职通识教育构建与实施途径的研究"。此课题成功获得2017年江苏省高等教育教学改革课题立项。

第三节　本课题研究意在解决的主要问题

近15年来高等职业教育的迅猛发展，极大地满足了社会对技能型人才的需求。但是不可否认的是，高职院校生源质量往往不高，高职教育往往重外延轻内涵，过分强调技能培养，在一定程度上限制了学生的发展潜力。学生步入社会，在适应人才竞争的过程中，面临着换岗位换行业的考验，单一的专业化的技能无疑为职业的可持续发展带来了束缚。高职教育在人才培养中面临以下问题：

1. 职业技能培训过于职业化

高职教育在人才培养目标的设定中有显著的"职业特点"，为了实现就业目标，高职院校的职业技能培训难免功利化，从而导致学生存在职业精神迷失的可能。弱化了文化化人，也促使社会把高职教育认同为"次等的高等教育"。作为高等教育的重要组成部分，高职教育不能让学生因为高考选择了高职而失去成为富有博雅情趣的人的机会。

2. 内涵建设存在困境

高职学生的本真不是"学专业"而是"谋职业"，几张技能证书就能满足职业发展的需要吗？社会需要的是能够适应未来社会各种可能的人职相符的高素质人才。我们培养的应该是能够享受工作过程的技术技能人才，而非类似于产品的"机器人"。职业竞争的最高水平并不是专业知识和专业技能，而是视野、智识、正直等这些伴随人一生的财富。因此，"成人"比"成业"更重要，只有引入通识教育的完人教育，才能让高职教育健康发展。

希望通过本课题的研究，能够探索到解决高职教育所存在的上述问题的方法、实现高职学生全面发展的通识教育的实施途径，培养学生可持续发展的能力。

第四节　本课题研究在国内外同一领域的现状与趋势分析

一、本课题研究在国内外同一领域的现状

（一）国外研究现状

西方学者认为现代大学的学术分科太专门化，知识被严重割裂，设置通识教育的目的是培养学生独立思考的能力，并且对不同的学科有所认识，最终目的是培养出完全、完整的人。20世纪以来，通识教育课程已广泛成为欧美国家大学（包括职业院校）的必修科目，教学理论与实践经验已经很成熟。不少国家有完善的法律法规保障职业教育和通识教育相结合，例如美国《高等教育法》规定社区学院可以拿出22%的学校发展资金，用于更新通识教育课程内容和师资培训。西方国家高职院校的发展理念是服务行业企业和学生终身发展需要相结合，设立了多样化的课程模式，通识教育课程集中在大学一年级和二年级，课程选择的内容丰富、自由度大，而且注重培养学生的写作能力、沟通能力和独立思

考的能力,课程评价体系多元化。有些国家政府还有专门的通识教育管理机构,学校设立通识教育课程委员会。

(二) 国内研究现状

我国高职教育正在慢慢引入通识教育的教学,职业院校都相继成立了思政课程和艺术课程管理的职能机构,开设职业拓展训练,人文科学类讲座走进校园,学生选修课程的门类也趋向于多样化。通识教育在提升学生职业素养和可持续发展的职业能力方面发挥着越来越重要的作用。

但是高职院校目前普遍存在通识教育理念缺乏,通识教育在人才培养目标中定位不清晰、教学体系不完善、重形式轻内涵、师资力量薄弱,以及校园文化环境单调等问题。多数高职院校从管理到教学都是过于突出技能培训而弱化了通识教育的教学,学生在大一、大二时同时修习专业课程和文化课程,人文素养课程涵盖在每学期的一门选修课程中,最后大三一年基本被工学交替(跟岗实习)和顶岗实习所占据。

二、本课题研究在国内外同一领域的趋势

发达国家的通识教育研究与实施已经很成熟。例如,美国社区学院的通识教育与本科学院的通识课程是同步的,社区学院的学分可以直接转换为本科学院的学分;能同职业教育的通识教育融合在"双元制"的教育中;澳大利亚的"TAFE"学院则是实施终身教育的职能。

在我国,加强内涵建设已成为职教界的共识,而内涵建设如何开展正是眼下各职业院校探究的问题。通观国内外教育发展历史,重视通识教育是实现内涵建设的必由之路。其实在中国,通识教育的思想源远流长。《中庸》中说道:"博学之,审问之,慎思之,明辨之,笃行之。"《论衡》中说:"博览古今为通人。"我国古人一贯认为博学多识就可达到出神入化、融会贯通的境界。

眼下的中国经济关键词是"新常态""中国制造2025""互联网+""大众创业,万众创新""一带一路"等,国家战略对高校教育提出了新

要求，需要一大批具有创新精神和创新能力的高素质人才。这些创新人才不仅要有过硬的专业知识与技能，更要具备广博、扎实的通识素养。为了解决大学生偏科和专业过窄的现状，2018届的高中毕业生取消文理分科，而与高中教育相衔接的高等教育无疑为此进行教学改革。通识教育的规则是学生跨专业、跨学科选课，这显然保证了学生知识结构的合理性，学生成为一专多能的可持续发展的全面的人。

高职院校教学改革需要解决人才培养中出现的缺乏解决复杂问题的能力、缺乏科研精神和创新意识、缺乏职业精神的问题。我们培养出来的学生不是普通意义上的"蓝领"，而是能文能武具有大国"工匠精神"的创新人才。开设富有综合知识结构的通识教育课程，培养学生的情感、意志和兴趣，将是突破改革困境的着力点。

从社会发展趋势看，今后的职业变化将趋于频繁，这就逼迫高职院校培养学生的职业可迁移能力。通识教育作为一种人才培养模式，强调不同学科知识间的融合贯通，注重培养学生思考、决策和解决问题的能力，推行通识教育是满足学生终身发展需要的必然选择。在"学习强国"里我们每天都能学习到各科知识，包括基本文化知识，而高职教育不也该如此吗？

第五节　本课题研究工作的重点

本课题研究的重点在于探索高职院校通识教育构建与实施途径，培养学生可持续发展的能力。对于教师来说，培养学生的一技之长并不是很难；但是培养学生的健全的品格，并非易事，这不仅对教师本身的职业素养提出了要求，而且对教育本身提出了育人本质的定位回归。因此，本课题研究的主要内容体现在：高职教育如何注入"科研"内涵，如何培养高职学生的质量和规则意识，即"大国工匠"意识，如何开发培养高职学生人文科学素养的课程体系，如何构建实施通识教育的保障体系。本课题通过对系列问题的研究,来探求加强内涵建设、突出职业院校完人教育的有效途径。

第六节 本课题研究的创新点

1. 本课题的选题适应国家弘扬传统文化培养创新人才的要求

传统的高职教育以传授专业知识、训练职业技能等方式来培养学生的职业能力。而本课题则抓住素质教育的核心——全面发展,来实现高职院校培养有文化创新型高素质技能人才的目标。

2. 本课题的研究目的力求学生跨越"职业化"实现终身可持续发展

高职院校的教育目标是为社会输送具有职场竞争力的从业者,而职业竞争的最高水平是视野、人文素养、健全品格方面的竞争,而非专业技能的竞争。加强学生通识教育,需要优秀的师资队伍、完善的管理和保障体系、科学的课程设置,培养学生的创新素养和职业迁移能力,实现终身可持续发展。

3. 本课题的研究成果具有实际应用价值

全面素质教育要贯穿于教育过程的始终,目前高职院校的素质教育已经对专业知识和职业技能的培养非常重视,缺乏的是文化化人。因此,本课题的研究成果可以推进学校师资队伍建设,优化学校校园文化建设,提升学生的综合素质。有助于高职院校教师利用校园文化环境来实现对学生真正的素质教育,让"教育回到教育的本质"。

第七节　本课题研究的实践意义与推广价值

一、本课题研究的实践意义

高职院校的教育目标是培养具有职业发展能力的从业者，加强学生通识教育，需要教师通过优化自身的职业教育素养、优化自己的人格、改革教学内容、创新教学模式，来提升学生的综合品质。因此，这一过程，学校、学生、教师三方共同努力，必然可以推进学校师资队伍建设，优化学校校园文化建设，提升学生的综合素质，满足高职教育改革发展的需要，培养学生可持续发展的能力。

学生的德、智、体、美是有机地融合在一起的，融合的结果就是塑造人格。人的素质的高低直接决定人格的优劣。在塑造大学生的人格方面，学校内涵建设起了主导作用。就教师来讲，观念更新、知识丰富固然重要，但是，人格的力量是其他因素所无法取代的。正如孔子所说："其身正，不令而行；其身不正，虽令不从。"这里的"身"不仅指教师以身作则，也包括追求至善的人格。当高职院校把工作重心放在对学生专业技能的培养上、对教师可以量化的成果荣誉的追求上，而对"育人"相对淡化时，本课题研究倡导的通识教育教学体系，意义不言而喻。本课题研究正是探索实现高职学生全面发展的通识教育的实施途径，培养学生可持续发展的能力，适应国家弘扬民族文化、培养创新人才的时代背景。

二、本课题研究的推广价值

素质教育要贯穿于教育过程的始终，目前的高职院校的素质教育已经对专业知识和职业技能的培养非常重视，而学生未来的成功更重要的因素并不是知识与技能，而是智识、情趣、思维和品格。学生只有在扎实有效的通识教育过程中，渐渐清楚自己是谁、想成为怎样的人，才能有更强的意愿修炼更好的自己，才能对我们的文化与文明产生信心，才能真正实现"中国梦我的梦"。因此，本课题的研究成果有助于高职院校教师，利用校园文化环境来实现对学生真正的素质教育，让"教育回归育人的本质"。本课题研究成果的推广，将让教师和学生都得到人文素养的修炼，从而有助于高职院校实现真正的内涵建设。

第八节　本课题研究的过程

本课题组走访了苏州两所高职院校的多个专业的教师，调研了各个专业学生的学习情况，同时对近三年毕业的营销专业的学生进行了对职业素养认识的调研。从调研信息和数据中总结出师生对于高职教育人才培养目标与课程设置的意见和建议。

本课题组老师们查阅了大量的国内外高等院校通识教育的实施方法，在近三年的教学中努力从通识教育的视角设置专业课程教学内容和教学方法，记录了30多个真实的学生案例，讨论并实践了多种改善学生学风、融洽学生之间关系、提高学生校园礼仪形象、培养学生好奇心和努力进取的信心等全面提高学生综合素养的教学方法，提出本课题组的统一共识：应该在高职院校大力推广通识教育，提倡通识教育与专业教育并举，多条途径构建针对高职学生的通识教育，全面培养学生的终身学习能力。

通识教育，既可以理解为一种相对于专业教育的教学体系，也可以理解为一种教学理念，它可以出现在教育的任何时候和任何地方。笔者在近三年的教学中一直在实践把通识教育融合于专业教育的方法。下面以笔者所教授的"商务谈判"和"市场营销策划"两门课程为例，对教学过程中如何适时开展通识教育展开研究。

"商务谈判"这门课程是笔者所在学校的市场营销专业的核心课程之一。由于商场中一定有谈判,而且商场如战场,因此,开设"商务谈判"课程在市场营销专业中非常普及。笔者对教学任务的设计主要实现以下几个目标:

1. 充分调动学生学习的积极性

针对学生对待学习的态度比较松懈散漫的情况,笔者需要把教学内容设计成能够吸引学生注意的模块。而在这里,语言的魅力需要充分展示,"先声夺人",避免平庸。于是笔者把教学模块设计为:

项目一　虑者必胜——谈判考察

项目二　知己知彼——谈判准备

项目三　运筹帷幄——谈判开始

项目四　循循善诱——谈判磋商

项目五　求同存异——谈判成交

项目六　兵家之道——谈判策略

项目七　开诚布公——谈判沟通

项目八　降体以礼——沟通礼仪

项目九　因势利导——沟通模式

项目十　以迂为直——沟通技巧

每一个项目的开始都从解析一个兵法故事展开,吸引学生对学习内容的关注。高职学生对于纯粹的深奥理论的理解能力较差,因此,需要深入浅出地把道理融于故事中,从表面上看,这叫因材施教,而从深层次看,通过兵法故事的讲述吸引大家研究古代兵法,也是研究中国古代历史文化,可以培养学生的人文情怀;明白战争胜利需要依靠智慧和果敢,而未来的职业竞争何尝不是如此?

2. 通过关联生活营造谈判气氛

说起商务谈判,很多学生会认为就是正襟危坐地在谈判桌前进行紧张的对话,觉得这样的谈判距离自己比较遥远,甚至不认为自己会从事与谈判相关的工作。这是对谈判狭隘的理解,其实我们每个人每天都可能在谈判中工作、生活。因此，笔者先从生活中的谈判开始，用家庭生活中的父母与子女之间的交流、父母之间的事务商量等生活场景再现，告诉大家，其实很多生活沟通就是谈判，只要是为了取得一致而共同协商就是谈判，人类世界充满谈判。然后以学生在校的购物生活为例，买与卖之间，不论标的物大小，只要涉及讨价还价，那就是谈判，让学生感知到原来自己每天都在实践谈判，从而不再对谈判感到惧怕。之后进入带有明显冲突性质的项目谈判，让学生明白商务谈判一定着眼于经济利益。最后回到跟营销工作关联紧密的与顾客之间的矛盾协商，例如如何应对营销危机，思考为何在面对顾客产生不满情绪时，要以满足顾客的需求为目标而不是直接考虑企业的经济利益呢？笔者适时导入纳什均衡博弈论，让学生顺带学习经济学理论，指导自己的生活和未来的工作。

3. 适时地在专业课程中引入思政教育

由于未来学生工作中的业务谈判都是商务谈判，都是着眼于经济利益而非立场，因此，为了不让学生错误地认为"利益至上"，笔者把政治谈判和生活谈判的案例与商务谈判进行比较，让学生明白并不是一切谈判都没有立场，只有经济利益。而商务谈判的经济利益满足也必须在真实真诚互利互惠的前提下，维护本组织的经济利益也是自己的职业责任，要把工作原则和生活处事态度区分开来。这也是作为专业课老师可以实时融入的思政教育。

为了在课程学习中既让学生进行专业实践操作，又培养学生的人文素养，笔者采取了以下的教学方法：

1. 撰写谈判方案

谈判不能只是教会学生"谈"，一定要让学生动手"写"。现在的学生对于写作非常排斥，最擅长的就是在手机上写聊天信息。但是聊天文字与正式的书面文字差距甚远，一份合格的谈判方案是凝聚着查阅资料、记录信息、整理数据、人员配置、谈判策略的预设等方面的要素，每一项要素之间都互相关联并且具有严密的逻辑性。所以笔者首先要求学生完成谈判方案的撰写并提交，通过审核后再向下进行"谈"。而这种文字撰写的能力也是学生日后完成毕业论文（设计）的基本功，更是其未来职业中撰写一切书面材料的技能基础。

2. 有策略地分组完成团体任务

学生在校园里一般都会有自己喜欢和不喜欢的同学,甚至有发生过矛盾冲突的同学,所以在小组任务训练中,如果自由组合,将会让他们重新陷入排外的"小团体"的怪圈。有时候如果让班长辅助协调分组,少数女生不仅不高兴,而且在课堂上因互相看不顺眼而争执起来,有的女孩还会眼含热泪地说能不能不要让她和某某闺蜜分开。如此感性地对待简单的团体分工与合作的事,显然是职业发展的障碍。有鉴于此,笔者在分组之前就宣布所有组别一律由笔者根据性别比例结合随机分配的原则进行设置,任何同学不得随意更换。这样学生内心就不再有感性的挣扎,而是静心进入自己的小组,和大家愉快合作。有时候笔者虽知道有些学生有矛盾,仍会刻意安排他们在一组,观察他们自己消除矛盾的过程,必要时及时给予引导。分组的事情虽然很小,可是"小"中隐藏着"大",职业生涯中"小"中既隐藏着机会,也可能隐藏着陷阱,所以笔者特别重视对课堂中"小"的处理。同时组员互相合作过程中产生的体验的重要性不亚于技能任务完成的效果,笔者希望学生明白,一个优秀的团队能够实现"1+1>2"的神奇效果,当某学生有不懂的地方时,同学帮助其一起完成,就能明白同学资源对于自己多么重要,原来彼此的矛盾通过诚意的沟通迎刃而解。而这些都是未来职业中必须具备的认知和人文素养。

3. 对抗实战

谈判是需要勇气的,尤其当面对真实的谈判对手时,内心如果产生惧怕而下意识地选择回避冲突,这就失去了谈判的价值。因此,学生不仅需要学会理论上的谈判技巧,更需要增加谈判的勇气和意志等谈判素质。为此,笔者对学生每次谈判的考核实行积分制,用作谈判的训练,根据学生谈判中的意志力和策略实施判定积分等级,直接计入本门课程的考核总分。如果只是为了完成任务而练习,学生很难把自己代入谈判的情境和心态中,而且面对的都是熟悉的同学,更加难以找到感觉。有时笔者让学生直接与笔者对战练习,因为学生面对老师的时候,会不自觉地产生惧怕心理，这是锻炼他们勇气的好方法。

4. 通过学习谈判沟通培养人文素养

谈判也是一种沟通，只不过谈判是带着冲突在沟通而已。沟通技巧是所有学生一生都需要掌握的基本技能，也是人文素养的表现。因此，笔者不仅采用商务沟通的案例来解读沟通技巧，而且通过名人故事的阅读，让学生在阅读中体会沟通无处不在，尊重、真诚、自律、倾听、自知、自信是良好沟通的前提，沟通的技巧不仅是技能，也是艺术，沟通让情感之花更美，让友谊地久天长，让事业精彩成功，让谈判的需要得以满足。

5. 强调谈判礼仪

在任何时候，礼仪形象都展示自身素质。笔者告诉学生，当他们代表组织与他人谈判或者沟通时，自身的形象就代表着公司的形象，现代企业形象至上。谈判技能是种工作技能，而礼仪修养更是种永久技能。没有永久的职业，但是有永久的涵养。即便是在谈判利益相关的矛盾问题时，也需要注意自己的礼仪修养，维护关系的和谐。这也是学生为人处世必须会实践的道理。

"市场营销策划"也是营销专业的核心课程之一。学生都知道这门课程对于专业知识和技能掌握很重要，可是这门课程一般是在学生临毕业前的最后一个学期开设，往往会遇到如下的教学障碍：学生对即将走向社会产生焦虑，难以静心学习；学习积极性不够的特点随着年级的增高而愈加明显；只求考试通过获得学分而不求其他的心态非常普遍。为此，笔者主要采用了如下的方法融入通识教育：

1. 选取身边的案例分析成功的营销策划创意

解析年轻人创业成功的策划案例，让有志于创业的学生对未来充满信心。比如喜茶，创始人聂云宸的学历层次是高职，创业之初的各种条件与我们的学生条件相似。同时让学生分析喜茶成功的原因：创新、抛弃不健康的配方、品质。这些都是非常重要的职业素养。

2. 团队任务一定要有每个人的参与

为了激发每个学生的积极性，笔者不仅要求每组按时提交作业，而且笔者会在课后与每组学生逐一沟通，询问每个人在这份作业中做了什么，从而促进他们融入小组工作中，而不是流于"一人汇报，其余鼓掌"的划水模式。让学生由开始被迫投入到渐渐习惯投入。目的是让学生明白在未来的工作中一定要积极参与，只有参与，才能有成功的机会。

3. 提高沟通的有效性

以前在小组讨论的学习中，虽然一组学生都坐在一起，但是很多学生都是通过手机发信息讨论。这种奇怪的现象如果不改变，那么沟通讨论将无法有效实施。于是笔者让大家在讨论时把手机放置在电脑后面，控制自己不要拿手机。笔者一组组地参与其中，带动大家讨论。讨论是思维互相激荡的过程，既要思考，又要说，这是所有工作都需要的工作方法，更是训练表达能力、思维能力的重要方法。

4. 学生选择案例分享

让学生在其喜欢的行业或者未来想从事工作的行业里选取案例。学生在选择案例时，必然要去查阅文献，这本身就是学习的过程。用他们自己喜爱的案例来进行分享，用理论知识解读，在他们的兴趣中融入知识点。找到学生的兴趣点，鼓励他们对自己感兴趣的事物进行探索。只要是他们自己感兴趣的，他们就会主动学习，而促进高职学生被动学习甚至由被迫学习转变为主动学习，显然就是实现真正"育人"的可喜收获。

5. 校企合作嵌入式学习

在本门课程的教学中，营销策划的实践任务都是围绕合作企业的产品进行的。营销专业的合作企业是苏州地方企业，津津长发食品有限公司。这是一家中华老字号企业，拥有百年创业历史，产品具有浓郁的地方特色。根据职业教育的培养要求，校企共同培育人才。笔者让学生首先对津津长发食品有限公司做详细的调研，了解公司文化，在文化认同的基础上进行创意策划。而创意策划需要结合产品的地方特色，也就需要先了解苏州的文化，包括苏州的饮食文化。了解一个地方的文化、风土人情、消费习惯，既丰富了人文知识，又掌握了市场调研的方法。

6. 请学生建议上课学习的内容

这是培养学生终身学习能力的有效方法之一。让学生思考自己想学什么，也就是思考自己需要什么，未来想成为怎样的人，现在该学些什么，准备些什么。根据笔者的教学体会，此方法对于提高学生的学习能力比较有效，他们会商量讨论然后给笔者提出建议，在可能的情况下，笔者会尽量满足他们的要求。比如有学生建议能不能跟他们讲讲既往毕业学生成功的案例，笔者就在选取营销策划案例时，选择了一个五年前毕业的营销专业学生的案例：成立了校园文化创意装饰公司，小有成就，已经成功与本市几所小学合作。笔者通过展示该公司为一些学校进行创意设计的效果图，让学生分析为什么这样的创意设计可以获得合作学校的认可。用学生喜爱的、发生在他们身边的、让他们感觉与他们距离很近的真实案例来作为教学内容的载体，会激发学生学习的动力。

总之，每一位专业教师只要用心去关注学生的心智发展，愿意致力于学生综合素养的养成，就能寻找到在通识教育视角下进行专业教育的有效方法。

第三章 如何理解中国特色的高等职业教育

中国的高等职业教育发展到今天,已经走过20多年。在兴办职业教育之初,高等职业院校纷纷学习发达国家的职业教育办学经验,比如新加坡职业教育特色、德国职业教育理念、澳大利亚TAFE职业教育模式等。当职业教育作为新鲜事物出现在我们面前时,学习他国先进的办学理念和经验是必要的,让我们具有广阔的视野和对职业教育的深刻理解来办学。但是我国有自己的国情,最终必然要办出具有中国特色的高等职业教育。为了充分理解中国特色的职业教育,我们需要首先学习近两年国家对职业教育改革的导向和政策。

第一节 职业教育改革的纲领

2019年1月24日颁布的《国家职业教育改革实施方案》(又称"职教20条"),对整个职业教育进行了宏大谋划,其中明确提出"把发展高等职业教育作为优化高等教育结构和培养大国工匠、能工巧匠的重要方式"。2019年3月5日,李克强总理在《政府工作报告》中再次提到高职,并宣布"高职扩招100万"。2019年4月,教育部办公厅和财政部办公厅联合印发《关于开展中国特色高水平高职学校和专业建设计划项目申报的通知》，这意味着备受关注的"双高计划"申报工作正式拉开帷幕，这可谓高等职业教育的"双一流"建设。由此，我国高等职业教育迎来了一个全新的发展机遇期。

"职教 20 条"印发一年之后，2020 年 9 月 29 日，教育部联合九部委联合正式发布《职业教育提质培优行动计划（2020—2023 年）》，业内人士称这是一份"职教 20 条"的"实操手册"。《职业教育提质培优行动计划（2020—2023 年）》就职业教育的招生考试方式、职业教育的升学"立交桥"、职业教育的终身教育职能、职教毕业生的就业与岗位薪酬等重要问题给出了具体落实方案。这份《职业教育提质培优行动计划（2020—2023 年）》将真正解决职业教育发展过程中的难题，为职业教育春天的到来提供了根本支持。

《职业教育提质培优行动计划（2020—2023 年）》为职业教育列出了清单，制定出三年的行动目标，规划设计了 10 项任务，27 条举措，细化了 56 个重点项目。将"职教 20 条"部署的改革任务转化为具体举措和行动，推动地方、学校与中央同向同行，形成因地制宜、比学赶超的职教发展格局，整体推进职业教育提质培优。其重点任务包括：

（1）到 2023 年，培育 200 所左右"三全育人"的典型学校，培育遴选 100 个左右名班主任工作室，遴选 100 个左右德育特色案例；

（2）到 2023 年，培训 10 000 名左右德育骨干管理人员、思想政治课专任教师，遴选 100 个左右思政课教师研修基地，分级培育遴选 1 000 个左右思想政治课教学创新团队、10 000 个左右思想政治课示范课堂、10 000 个左右具有职业教育特点的课程思政教育案例；

（3）到 2023 年，专业教师中"双师型"教师占比超过 50%，遴选一批国家"万人计划"教学名师、360 个国家级教师教学创新团队；

（4）到 2023 年，遴选 10 000 种左右校企双元合作开发的职业教育规划教材，国家、省两级抽查教材的比例合计不低于 50%，职业学校专业课程全部使用新近更新的教材；

（5）到 2023 年，集中培训 5 000 名左右中职校长（书记）和 1 000 名左右高职校长（书记），各级各类培训覆盖全部职业学校管理干部；

（6）发挥职教集团推进企业参与职业教育办学的纽带作用，打造500个左右实体化运行的示范性职教集团（联盟）、100个左右技工教育集团（联盟），推动建设300个左右具有辐射引领作用的高水平专业化产教融合实训基地；

（7）推进专科高职学校高质量发展，遴选300所左右省域高水平高职学校和600个左右高水平专业群；

（8）稳步推进本科层次职业教育试点，支持符合条件的中国特色高水平高职学校建设单位试办职业教育本科专业。

这份《职业教育提质培优行动计划（2020—2023年）》在如下几个方面尤其吸引了笔者及本课题组老师们的注意。

1. 鼓励企业"大国工匠"兼任高职德育教师

在此次颁布的《职业教育提质培优行动计划（2020—2023年）》中，落实立德树人根本任务被提到第一要务中。其中，不仅对职业院校的专职思政教师人数、考核标准再明确，更提出，鼓励从企业中聘请劳动模范、技术能手、大国工匠、道德楷模担任兼职德育导师，建设一支阅历丰富、有亲和力、身正德高的兼职德育工作队伍。

在国家课程课时安排上，《职业教育提质培优行动计划（2020—2023年）》要求，加强中职学校思想政治、语文、历史和高职学校思想政治理论课课程建设，开足开齐开好必修课程，按照规定选用国家统编教材。对专职思政课教师人数进行明确量化，要求高职学校应当根据全日制在校生总数，严格按照师生比不低于1∶350的比例核定专职思政课教师岗位，中职学校要加大专职思政课教师配备力度。特别值得注意的是，《职业教育提质培优行动计划（2020—2023年）》强调改革思政课教师的考核办法，将政治素质作为教师考核的第一标准。

2. 高职、本科同薪同酬

职业教育高层次发展，是近年中央积极努力和推进的方向。在此次《职业教育提质培优行动计划（2020—2023年）》中，也特别将这架多渠道高层次发展的"立交桥"重点标红，要求推动职业院校学生与本科学生在毕业后享受同等待遇。

对职业院校毕业生,《职业教育提质培优行动计划(2020—2023年)》强调,推动各地落实职业学校毕业生在落户、就业、参加机关事业单位招聘、职称评审、职级晋升等方面与普通高校毕业生享受同等待遇。

3. 产教联合招生职业技能测试分数占半

招生制度的改革,也是此次《职业教育提质培优行动计划(2020—2023年)》的"重锤猛料"之一。其中特别提到,完善"文化素质+职业技能"评价方式,职业技能测试分值不低于总分值的50%,考试形式以操作考试为主,须充分体现岗位技能、通用技术等内容。在中职招生方面,《职业教育提质培优行动计划(2020—2023年)》提出,支持有条件的省份建立中职学生学业水平测试制度,鼓励高职学校与产教融合型企业联合招生。

4. 稳步发展高层次职业教育

《职业教育提质培优行动计划(2020—2023年)》把发展本科职业教育作为完善现代职业教育体系的关键一环,培养高素质创新型技术技能人才,畅通技术技能人才成长通道。稳步推进本科层次职业教育试点,支持符合条件的中国特色高水平高职学校建设单位试办职业教育本科专业。推动具备条件的普通本科高校向应用型转变。根据产业需要和行业特点,适度扩大专业学位硕士、博士培养规模,推动各地发展以职业需求为导向、以实践能力培养为重点、以产学研用结合为途径的专业学位研究生培养模式。

5. 健全服务全民终身学习的职业教育制度

《职业教育提质培优行动计划(2020—2023年)》强调推进国家资历框架建设,建立各级各类教育培训学习成果认定、积累和转换机制。加快建设职业教育国家"学分银行",制定学时学分记录规则,引导在校学生和社会学习者建立职业教育个人学习账号,存储、积累学习成果和技能财富。支持学校按照相关规则研制具体的学习成果转换办法,按程序受理学分兑换申请,符合条件的学生可免修部分课程或模块。支持国家开放大学体系创新发展，着力提高办学质量和水平，服务全民终身学习体系建设。

这份《职业教育提质培优行动计划（2020—2023年）》预示着中国特色的职业教育在未来将会成为世界职业教育的新的典范，我们终将走出一条世界领先的职业教育发展之路。

第二节　高等职业教育的春天来了吗？

"职教20条"颁布，给职业教育带来了希望，国家非常重视职业教育的发展，职业教育将会进入全新的发展时期。那么高等职业教育的春天是否马上就会来到？

国家决心用5～10年的时间，大幅提升职业教育的现代化水平，推动办学模式由参照普通教育向产教深度融合的类型教育转变。高等职业教育的工作者都为此感到兴奋，认为我们在高等教育体系中的地位将有望得到提高，社会将会更加接纳高等职业的学历层次。这么美好的愿望真会马上实现吗？

作为高等职业院校的教师，我们其实对高职教育在教育体系中的尴尬地位一直深有感触。

虽然理论上说高等职业教育注重职业技能培训，培养出的蓝领将是行业企业紧缺的人才，未来有可能发展成为金领。经济快速发展需要大量的技能型岗位人才也是事实，紧缺的技能人才供不应求。可是，在人们的现实观念中，总是觉得能去××大学或××学院，绝对不要读××职业技术学院。这样的观念，显然就是认为高等职业教育似乎是次等的高等教育。几乎也没有家长在培养孩子的过程中产生过主动送自己的孩子去接受职业教育的想法。在这个学历至上的残酷现实中，接受高等职业教育在很大程度上会被拼孩子的家长认为是低人一等的存在。

笔者认为，这其实也是职业教育发展的难题之一，如何改变人们对于职业教育的偏见是解决难题的根本。若高等职业教育成为部分家长和学生的首选，也许高职教育的春天才会真正来到。而何时才能改变人们对职业教育的偏见，恐怕还需要走很长的路。其中最关键的是改变我国目前的人才评价体系。必须把职业教育作为和普通教育平等发展的类型来进行建设，避免让"职业教育"这个词成为低人一等的学历代名词。德国工业的发达和他们先进的职业教育理念与发达的职业教育体系密切相关。目前来看，《职业教育提质培优行动计划（2020—2023年）》已经指明了今后职业教育的发展方向和地位。

从学生的特点来说，并不是所有学生都必须去接受本科教育或者适合做学术研究，一些学生其实就适合接受职业教育学习应用技术和操作技能。从学生成长的科学规律来看，适合学生发展的道路就是最理想的道路，就是实现了教育的根本目的，学术型本科和职业型高职高专只是不同的两条道路，有左右之别，不应该在人们的认知中有高下之分。

但是，我们不能否认的是，我国很多高等职业院校缺少放眼职业教育未来和学生可持续发展的长远建设理念，存在急功近利的现象，没有释放教育的本质；人才培养体系的建设不够科学；对学校、对学生的定位都不够明晰。只有高等职业教育从业者充分认知高等职业教育的内涵和定位，高职办学的春天才会真正来到。

第三节　如何理解具有中国特色的高等职业教育？

从职业教育在中国开始兴起至今，高等职业教育在教育体系中的定位与地位问题都让人难以避免也觉得困惑。高等职业院校的教育工作者和高职学生对此更是有些许尴尬，不知道该如何回答这个问题。"高等"赋予我们高等教育行列的喜悦，然而"职业"紧跟其后让我们对"高等"的内涵的理解处于混沌的状态。"高等"与"职业"的关系是怎样的？对这一问题的理解也长期处于争议中。基本定位不能理清，显然严

第三章 如何理解中国特色的高等职业教育

重影响高职教育的健康发展。现在高等职业教育正处于国家明确加大支持发展的大好时机，我们需要准确把握中国特色高等职业教育的内涵，正确解读高等职业教育的"高等"性和"职业"性，给予高等职业教育准确明晰的定位和社会大众广泛认可的地位，是响应国家大力发展职业教育号召的当务之急。

2004年，我校由优质中专升格为高职院校之初，笔者和全体同仁都甚感激动，因为我们由中专成长为大专，步入高等学校之列。开始给第一届高职学生上课时，笔者清晰地记得自己的内心还有些激动和紧张，虽然备课已经足够充分，可是终究觉得坐在教室里的学生由初中毕业的小孩变成了年满18周岁的大学生，他们的知识基础已经比较好，笔者的讲课内容会不会让他们感觉简单粗浅？自己是不是能够让学生觉得博学？笔者相信，所有的老师应该都会有类似的情况出现。随之而来带给老师巨大压力的便是科研要求和科研任务，几乎也是按照当时大学的标准开始施行的。这对于从中等职业院校升格而来的我们来说，是巨大的挑战，从此每个教师开始与职称评审密切相连，开始对标本科院校的高级职称。也就是说，我们其实在"高职高专是国家高等教育重要组成部分"的引导下，自觉放大了"高等性"，把自己对应在文化育人的高等院校层次上。

渐渐适应以后，我们开始理性观察自己所处的文化环境，似乎缺少点传统本科大学的文化底蕴，似乎课程的设置还在边上课边摸索边修改，似乎学生对自己的未来有些困惑……我们终究不与本科院校一样，不论是办学条件和资源、办学经验、生源质量，还是社会认可度等各方面与本科院校的差距都较大。因此，高职院校的发展在对应普通高校的框架下进行，无疑是很困难的。我们都以大学老师自居，也会以被称为大学老师而骄傲，可是当我们被询问是哪所大学的老师时，内心会有些挣扎。很少有人听过高职院校的名字，也很难解释清楚"高等职业技术教育"这么长的名字是什么内涵。而学生也会有如此的困惑，他们是当代大学生，渴望能够有本科学生一样的光环、一样的社会地位，可是总觉得在被别人当作非正式的大学生，不好意思说出学校名字，总是在心底里偷偷羡慕考入本科大学的高中同班同学。但是有一点可以很肯定地说，若干年前有些学生升入高职的分数是在三本线以上的，当时高职院校招收的学生在学习能力和学习习惯等方面比现今的生源质量要好很多，无论如何，当时上课的过程还是比较愉快的，学生对知识的兴趣并不缺乏，对未来的期待也比较高。

随着高职教育的发展，在不断学习国外先进办学经验的基础上，我们开始强调"职业性"，平衡的砝码开始重度由"高等教育"倾向于"技能教育"，培养学生一技之长成为高职院校教育工作者的共识。于是教师开始研发适合高职教育的教材，学校开始建设各类实训室，强调实践育人，每一门实训课程实施时，所有的理论课都停课让位于实训。每个班级一个学期的实训课程往往占据全学年总课时的一半以上。而老师们也从理论课教学开始向实训教学转移，一些纯理论课教学的公共基础课老师由于没有实训课可上，而往往面临着学年课时达标紧张的情况。也就在这一时期，顶岗实习、订单班等实践和校企合作应运而生。近十年来，技能竞赛开始风靡全国的高职院校，各级各类竞赛也催生了各类对应的师资力量的行业培训。而在这期间，高等职业院校招收学生也开始中高职衔接打通，专转本兴起，招生渠道多元化。可是老师们不能否认的是生源质量每况愈下，无论是知识还是技能的学习效果都让老师们头疼不已。

今天，高等职业院校正在踌躇满志地向着"双高"院校、本科职业院校而努力。而拼进双高和本科梯队的标准也被各学校演变成荣誉级别、项目级别、教师学历博士化等方面的比拼。

从高等职业教育波澜起伏的发展历程可以清晰地看出，我们一直在为得到"肯定"而拼搏，只是由最初的希望得到"高等性"的肯定转向希望得到"职业性"的肯定，再到今天希望得到"高等性"和"职业性"的双重肯定。我们一直在努力被肯定的路上，却似乎始终未能给予高等性和职业性清晰的定位，未能真正理解其中的内涵，未能停下脚步仔细看看学生的特点、倾听学生心中的期望。

如果我们只是简单地把人才培养定位的核心点定在"技能"上，那么如何区分高等职业教育与中等职业教育呢?在今天大力发展职业教育的背景下,我们该如何审视自己的定位?笔者想谈几点自己不成熟的认识。

1. 高等职业教育的"高等性"是相对于中等职业教育的"中等性"而言

高等职业教育与中等职业教育同属于职业教育,两者在办学目的的本质上没有差别。只是高职生的来源过去一直是以高考的第三梯队(一本、二本分别为第一和第二梯队)为主,中职生的来源以中考未能进入高中继续学习的学生群体为主。由于在知识储备方面有差异,因此,高职生与中职生的知识学习和技能学习在内容上有差异,对未来岗位的设定也存在不同。比如在公共基础课程的开设方面,高职的对标接近本科而略低,中职的对标则是接近普通高中而偏低。在专业知识和技能方面,以我们市场营销专业学生在连锁超市、卖场就业为例,中等职业技术学校培养的学生首岗可能定位在比如超市理货员、促销员等岗位,而高等职业教育培养的学生首岗则可能定位在超市管理、连锁经营管理、市场专员等岗位。如果是机械制造专业的学生,中等职业院校毕业的学生首岗可能定位在流水线作业等岗位,而高等职业院校毕业的学生首岗定位在技术操作等岗位,需要懂得一定的技术原理。也就是说,此高等职业教育的"高等"是修饰职业性的定语。

然而这一区分在现实中往往处于模糊的状态,社会对于高等职业教育与中等职业教育的区分并不是十分在意,如果说本科与高职之间的区分度在满刻度的话,那么高职与中职的区分度只是在中间刻度。时代在变迁,人们的观念在更新,可是中国人对于学历层次的区分依然根深蒂固,似乎全世界的第一学历只有本科和其他两大类。根据既往多年的毕业生就业调查,高职学生毕业后的岗位与中职学生的岗位往往重合。以市场营销专业的毕业生为例,高职的人才培养方案把岗位定位在超市管理,然而学生实际实习和就业的岗位一般达不到管理的层次,依旧是超市一线的服务人员,与很多中职毕业的学生处于同样的岗位;再如酒店管理专业毕业的学生,不论是高职还是中职学历,一般都是从最基层的岗位开始工作,最多的区别就是中职毕业的学生可能在餐厅做服务员,而高职毕业的学生可能在餐厅从事前台工作。在高等教育越来越普及,规模十分庞大的中国人才市场,就业压力巨大是不争的事实,原本高职学生可做的工作已经被本科生占据,而本科生可以从事的工作已经被研究生取代。学历层次高于工作层次的匹配度正是眼下中国人才市场竞争的结果。

2. 高等职业教育的"高等性"也同时兼具高等教育之意

由于高等职业院校招生的主要对象是来自高中毕业的学生,志愿录取的主要依据也是高考分数,因此,从家、校两个方面来说高等职业院校就是高等教育的组成部分。随着高等教育的普及,全国范围内高等职业院校招生总人数已经超过了高中毕业生的50%,因此,高等职业教育不仅是高等教育,而且高职院校是普及高等教育的主力军。由此高职院校需要对学生进行相应的文化育人,让学生的综合素养达到接受过高等教育的标准。当然文化育人还是有别于学术型本科大学的培养目标,需要根据学生的特点进行科学的课程设置和教学方法的改革。

3. 高等职业教育的"职业性"突出了技术应用性

"职业性"也是高职与普通高校进行区分的显著标志。因此,从某种角度来说,我们可以把高等职业教育理解为"职业性"的高等教育,而普通高校则是强调"学术性"的高等教育。普通高校一定要了解最前沿的学科理论,深入研究学科发展,寻找学科发展中的突破点,产生新的发现。而职业化的高等教育要求的"学术"在于行业或职业发展的最新动态,随着行业企业的发展联动,了解复杂劳动的技术原理,研究技术创新和技术迭代,在"学术突破"上寻求技术突破和应用价值。未来应用型的本科也一样会突出职业性要求的技术突破和技术应用。

高职院校与本科院校两者的培养重点有明显区别,但是在教育的本质上存在共性,那就是皆须"全人"教育,需要把学生培养成品格健全,具有优秀的人文素养、科学素养的享受工作乐趣的人。两者之间有交叉,职业教育存在"高等性",高等教育也需要职业能力。

4. 未来高等职业教育的定位更加复杂

随着高等职业教育的大力发展,一大批高职院校升格为本科职业院校,一批本科院校会从学术型转变为应用型,趋向于职业性。作为高等教育和职业教育存在的高等职业教育的地位将会产生新的尴尬:在职业教育领域,以前是"高等",未来上面有本科的存在,而只能成为中职和本科之间的"中等";在高等教育领域,以前上面只有学术本科的存在,未来还会增加应用本科的存在,是否又会成为家长和学生选择的鸡肋,将是高等职业教育面临的新的挑战。

但是无论如何,学术型高等学校和职业型高等学校都是培养建设国家的有用人才,德才兼备是人才培养共同的目标,文化育人、科技育人、创新育人,是所有高等学校共同的责任。

无论社会变化多么快速,对于高等职业院校来说能够适应变化的最硬核实力就是培养具有创新能力的技术型技能人才,对于高职学生来说,无论职业挑战有多大,综合素养和终身学习能力才是最硬核的技能。唯有走出自己的特色,培养出高质量的人才,学校才有发展的广阔前景。

第四章 通识教育对于高职学生的意义

伴随着中国高等教育广泛普及而产生的高等职业教育，其生源质量一直是高职院校教师非常牵挂的问题。最早我们在教学中感到学生总体的求知欲还行，上课的专注度较高，虽然他们有时理解问题不够深刻。然而近十年来，教学过程出现的尴尬问题越来越多。笔者在长期的教育教学实践中，深刻感受到我们的高职院校学生普遍存在如下的问题：

（1）学习兴趣和学习能力亟待提高；

（2）知识的维度单一化和散杂化并存；

（3）对社会的认知缺乏深度；

（4）深度思考能力较弱；

（5）人际关系矛盾处理较狭隘；

（6）自律与自省能力较弱。

很多高职院校的教师对学生的评价往往是：厌学，不遵守课堂纪律，不接受老师的批评教育，对待学业态度不端正等。

 代表性案例1

上课玩网游嗨聊天迷自拍

在2019—2020学年中，笔者教授过的八个营销专业班级的学生中，在课堂上沉迷于游戏而不能自拔的学生比例高达30%以上，其中男女生比例几乎均衡，大学二年级的学生比例高于新生比例。

这种令老师苦恼的课堂现象带来几点思考：

（1）是不是因为老师的课堂不够吸引学生，所以学生才被游戏吸引？

（2）是不是高职院校的老师不太注重课堂纪律的管理？

（3）为什么一般情况下新生相对于高年级学生会自律一些？

首先思考第一个问题。从笔者的感受来看，一些学生从进入课堂第一节课开始，就是手捧着手机打网游，当笔者走过去让他（她）放下手机时，他们有的是完全没有反应，只管沉浸在游戏中；有的则是给出令人无语的回复：别急，等我打完这一局。试问一个学生痴迷网游到怎样的程度才会这样跟老师对答！而这样的痴迷又岂是短时间内形成的！

一堂生动有趣的课堂是有魅力的，但是如果听众的眼与心从未进入课堂，那么一切有趣的元素对于他们而言都是零。我们有理由相信绝大多数的老师具有丰富的教学经验，对所教授的课程进行了精心的教学设计，是值得学生去倾听与互动的。但是对于这些把上课之外的事物看作比上课更重要的学生来说，老师们能凭一己之力促使他们有正确的上课态度和正确的课堂行为吗？笔者认为非常困难，因为问题的根本不是老师的课堂缺少吸引力，而是这些学生没有学习的兴趣，没有明确的学习目标和规划，更对自己缺少信心。既往的三年，高职院校招收的很多学生，甚至不需要参加高考，通过自主招生就可以被录取，而录取的比例基本维持在接近100%。很显然，他们中的很多人学习成绩在高中时一般就是处于底层，在学习中难以找到价值感和存在感，因此产生厌学的特点也不足为奇。那么问题就来了，这些学生积累下来的厌学情绪如何能在高职学习阶段得到改善？仅凭任课老师努力保持课堂教学质量并不能改善学生的行为。

这是一个非常难以从根本上解决的问题，而笔者认为也许只有通过通识教育让他们成为一个有志趣的人、高雅的人、懂得自律的人，这才是"教书育人"的实际价值体现。

我们接着思考第二个问题。老师缺少管理课堂纪律的责任心吗？其实大凡有正常师德的老师都会以教育管理学生为己任,都希望学生能够有良好的学习习惯,能够学有所成。但是如果每堂课都需要耗费过多的时间和精力去管理课堂纪律,那么将会影响教学的进度,很可能产生教学进度与授课计划不匹配而被学校认定为教学事故的后果。有鉴于此,老师们只能在可能的情形下尽己所能地管理课堂纪律。同时,我们在处理此类事件的过程中,经常遇到学生不尊重老师的言行,这对老师绝对是深深的伤害。如果老师在批评教育学生的事件中,不但不能得到学生的理解与配合,反而会被学生伤害,包括学生在课堂上公然地敌对老师,甚至在自媒体上发表不尊重老师的言论,那么老师还有尊严可言吗?那些像家长爱孩子一样爱护尊重学生的老师会不会产生疑问:我何必再做这种出力不讨好的事情,随他们去吧?

学校会把老师定义在"为学生服务"的角色里,诚然,老师确实是为学生服务的,可是老师需要有职业的尊严,有被尊重的权利。当一位老师和一名学生分别在学校里受到委屈,得到的支持是对等的吗?学校会担心学生闹事、家长闹事、学校社会名誉受损,甚至担心因此而给招生工作带来不利后果,学校还怎样存活?如此听来,学生及家长就成了老师的衣食父母了。这样的定位对于教育这个行业将会带来怎样的灾难,是不言而喻的。曾经的我们都是在各个学习阶段接受教育:教师是天底下最光辉最无私的职业。尊师重道是全社会的观念,也应该是学生的基本态度,如果教师这个职业都被学生的不良行为所牵制,那么教师还怎样实现"育人"呢?

解决这个问题的根本是规范学生管理制度并严格执行,而严格执行的环境支持则是对高职院校的学生进行通识教育,通过通识教育让学生从意识中明白如何做一个大写的"人"。

接下来我们讨论第三个问题。新生因为刚到大学校园,有新鲜感和好奇心,所以一般情况下,刚开始对待课堂的态度比较端正。随着时间推移,这种新鲜感不再,部分学生认为所学的课程内容没意思,将来没什么用;部分学生渐渐暴露以前厌学的习惯;部分学生开始把时间和精力用在课外兼职赚钱或者其他与学习无关的事情上。那么为什么情况会每况愈下呢？笔者认为一定有课程设置的问题，也就是说，没有在课程中充分融入智识和人格塑造的内容，高职院校的学生在大学学习生活中往往没有得到理想的成长，缺乏对未来清晰的规划，所以随着年级的升高，没有取得应有的进步，反而在学习习惯等方面出现了退步。

这样的案例在高职院校中普遍存在，值得全体高职院校的老师和高职院校重视，并且努力去改变这种现象。

代表性案例2

学生之间发生矛盾冲突增多并且不能自行友善解决

笔者在担任多年班主任工作的经历中，接触过多起这样的案例，五年前主要发生在女生之间，近三年男生之间这种矛盾也渐渐增多。学生之间都不存在大是大非的原则问题，往往不过就是因生活习惯不同而引发的小矛盾，但是要一争高下而且引发整个宿舍成员之间的"站队"与争斗。

笔者所带的2016级营销专业的学生中就不乏这样的案例。某位男生在一天下午，气冲冲地来到我的办公室，第一句话就是"我们要求学校把某某同学立即调离我们宿舍"。笔者仔细一看，他的后面还跟着两个低着头默不作声的室友。笔者问他为什么提出这样的要求，是不是发生了什么事。他昂着头，眼睛左顾右盼，说："我们都看不惯他，不能跟他住在一个宿舍里。""比如说哪方面他让你们看不惯？"笔者问道。于是他讲述了当天发生的一件引发剧烈冲突的事情，某某同学用了他的洗发水，没有事先征得他的同意，被他发现了，他找该同学质问，该同学不但没有道歉，反而冲着他说："是我用了，有什么大不了的。"他于是被激怒了，一把抓着该同学的衣领，两人差点扭打起来。

笔者说："同学之间这点小摩擦是不是一定需要通过调换宿舍来解决？如果每一次和室友发生矛盾，都要换宿舍，实现起来肯定有难度。而且如果把他调换到其他宿舍，换位思考一下，他是什么感受？把他换到其他宿舍，其他宿舍的同学会怎么看待他，怎样看待这件事呢？""我只要他离开我们宿舍，其他我不管，跟我没关系。"笔者看向其他两位男生："你们也是这个意思吗？"看到两位男生缩在他后面，犹豫一会儿点点头的样子，笔者知道他们俩应该是碍于情面而做的选择。

于是笔者明确告诉他们："目前看来把某某同学调离你们宿舍的要求难以实现，同时我需要全面了解你们之间的矛盾，等我了解清楚后，我会再找你们沟通。"没想到这位男生顿时气愤难平地甩出一句"你不能解决就算，我找辅导员解决"，然后摔门而出。他的两位室友愣愣地站在笔者旁边，不知道该怎么办。于是笔者跟这两位男生仔细聊了聊，以了解他们内心真实的想法。笔者发现，这两位男生与某某同学并没有什么矛盾，但是因惧怕这位男生的暴躁脾气而不敢拒绝他的拉帮。

两天之后，笔者再次把这位男生请到办公室沟通，希望能够让他明白同学之间的缘分都是人生的财富，不必计较眼下的冲突。沟通之后，虽然他依旧意难平，但是愿意做到"以后互相之间井水不犯河水"。

之后的两年时间里，这个宿舍内的矛盾问题依旧是笔者经常需要关注和沟通的事务。在过去的近20年的班主任生涯中，笔者遇到的学生之间的矛盾几乎都是以女生之间的矛盾居多，男生之间即使偶尔有冲突也很容易得到沟通解决。但是如今男生之间发生斤斤计较的事情越来越不足为奇，同时不论男生女生，发生了矛盾之后都难以以友善温和的态度去妥善处理，常常都是一副"一口恶气一定要出"的心态。为什么学生会这样脆弱和不甘示弱？又该怎样改善学生为人处世的态度和技巧呢？

笔者认为，学会做人，做一个具有人际吸引力的人，对于高职院校的学生来说，其重要性不亚于学习职业技能。如果人际关系处理能力很差，那么未来无论从事何种职业都会面临严重的障碍。因此，实施通识教育，让高职院校的学生成为一个第一学历不高但是人际吸引力较强的人才，是高职教育应该实现的目标。

代表性案例3

智识水平不理想导致学习中能够深度思考的内容非常有限

高职院校的校园里,同学们一般是青春时尚有余但是知识浸润的气质严重不足。清晨走在校园里,来来往往的学生很多,通常的画风都是这样的:女生背着时尚小包,化着精致的彩妆,一只手里拿着手机,边走边刷,另一只手捧着一到两本书或者不拿书;而男生则是一手拿着早餐边走边吃,另一手拿着手机或书,不背包。他们成群结队地走着,青春气息扑面而来,但是总感觉缺了点什么。笔者曾经在南京大学等本科院校里观察过校园里学生的仪态,通常都是背着书包,步履匆匆地穿过校园走向教室、图书馆或者实验室,浓浓的学术气息自然散发。笔者一直在对比思考为什么校园风格的差异无须解说,路人自然就感觉得到。是的,我们的学生在高中阶段的学习与本科院校的学生有差距,可是为什么大学的校园风格差距这么大呢?他们的脸上并没有写着"我是本科生"和"我是高职生",可是路人一眼就能识别出来。

笔者以为,这种区别产生的原因一定与大学的土壤营养密切相关,大学应该是读书的天堂,不论是高职院校还是本科院校。高职学生与本科生在学历层次上有差距,可是高职生同样应该拥有塑造自己"腹有诗书气自华"的气质的权利,而这种塑造不是仅仅靠一座图书馆里存放一些书籍就可以实现的。有书还得有人爱看!通识教育的意义就在于让学生多维度地认知世界和社会,丰富知识储备,才能通过大脑中枢神经系统控制全身的气质散发。

我们的学生在进入大学之前可能就缺乏读书和思考,其感兴趣的内容也往往与时尚和游戏有关。他们对娱乐八卦、新媒体社交和游戏普遍较感兴趣。老师在上课时举例也只能通俗易懂,如果课堂上有学术方面的或者纯知识方面的案例,将会没有市场,也难以与学生沟通清楚。虽然老师的教学需要根据学情而设计,但是这毕竟是遗憾,随着校园生活的浸润,大学生应该渐渐让自己内涵丰厚,文化土壤不能因为被浇灌的花朵不想长旺而"减肥"。

笔者曾经在"谈判与礼仪"的课堂上讲到服饰礼仪时，本想以名著《绿山墙的安妮》中的部分片段中展现出的服饰与仪式的关系来和学生们探讨，没想到没有一个人阅读过这本书，而这本书一般是中学必读书。当笔者在讲解谈判内容时，讲到社会热点——中美贸易谈判，学生们却知之甚少。而他们对于流行的网络社交媒体，则是了解很多。老师们普遍认为现在和高职院校学生进行学术沟通越来越难，学生提不出问题，老师提的问题稍微变通一点就得不到回应。虽然年轻人喜欢时尚与流行很正常，可是年轻人一样应该关注国家和民族的时事热点，应该博览群书拓宽自己的视野，提高自己思维的广度和深度。且不说上知天文下知地理，起码对人文、艺术、社科与简单科普应该有所学习和了解。我们的学生每一天不能都是在刷手机中开始和结束，他们需要用眼看周围，用心看世界，不断提升自己的知识涵养。

笔者认为，眼下的高职院校的学生在了解世界了解自己方面非常欠缺，弥补这些不足最好的途径就是在大学校园的学习生活，而通识教育无疑是塑造学生气质和形象的法宝。

代表性案例4

每一年毕业生的毕业设计都是一本最难啃的书

如果向高职院校的老师调研目前的教学难题，一定会少不了毕业设计（毕业论文）这一话题。这一话题对于高职院校的师生都是头疼的事务，老师们更是感觉一年比一年更头疼。

以笔者的经历为例，笔者每年指导撰写论文的学生数多达三十几人，几乎每位同学在刚开始接到论文任务时大脑里都是空白一片，不仅不懂得论文的撰写要求，甚至完全不知道论文为何物。对这么多的学生进行从零开始的论文指导，在半年的时间内完成撰写和答辩，而这半年时间里学生能够和愿意花在论文上的时间与精力极为有限，可见对于指导老师来说这项工作的难度有多大。最为痛苦的还不是学生在论文撰写方面的空白基础,而是一些学生极其不端正的态度。

部分学生急于在12月毕业考试之前完成论文而草率提交,为了离校后可以安心求职;部分学生是一拖再拖,总是有着需要做各种比论文撰写更加重要的事情的借口;部分学生抱着临近毕业时老师总归要放行的幻想而消极应对;部分学生则是即使被老师严肃警告将要被认定毕业设计不合格也依旧无所谓;而几乎九成以上的学生是前三稿的论文完全不着调,让人不忍直视,即使老师反复指导多次,依旧是错别字一堆堆地出现、基本格式远不达标、不通顺的语句随处可见,更不要说论文的逻辑结构了;很多学生在提交初稿时自己一遍也没有通读过,甚至不明晰自己写了些啥;更常用的手段则是将非学术网上的混乱文章下载后东拼西凑在一起,然后再混乱删改以应对查重要求,完全不顾及语义是否通顺流畅和论文的主旨是否明确。

如果指导老师从严把控,很多学生将无法通过论文审核,也就意味着不能如期毕业,而这将给学生带来负面情绪,进一步说,将给学校带来压力和担忧;而如果指导老师放松审核,那么论文对于学生的学术意义将大打折扣,耗时耗力的论文指导工作就成为一种表面形式。学术的东西怎么可以沦为形式?而如果不迁就学生,老师将会承担学生走极端的风险,走极端给学校带来的名誉影响很可能会让学校追查指导老师的责任。试问:老师们该怎么办?老师们能够找到解决问题的途径吗?如果在对学生的学术教育方面都可以放松要求,教育的前途还在哪里?现在一直强调要培养高职院校学生的工匠精神,如果连学术要求都能放松,那么拿什么去奢望学生未来在工作中有工匠精神?

重视学术精神,培养端正严谨的习惯,是所有阶段教育的核心思想之一。我们不应该为了完成任务而实施某种教育,教育的目的和效果是衡量教育实施是否正确的标准。对于高职学生的毕业论文这一任务来说,笔者认为这是亟待进行教育改革的内容之一,解决的途径要么是用其他方式替代论文撰写,要么是普及高职学生的写作通识教育,在他们接受论文设计的任务之前,已经掌握论文撰写的方法,并且在这样的通识教育中爱上写作,起码不排斥不厌烦,那么毕业论文设计这一科目将会让指导老师感觉舒心很多。而且写作课程也可以加强学生与他人进行规范的书面交流的能力，更能够让学生在写作训练中加强思考的严密和深度。

其实笔者每一天和学生沟通交流，都有很多感触，遇到的典型案例类型远不止上述这四种，无法一一列举，从课上到课下，从教室到食堂，从语言到举止，都让笔者始终感慨：我们的学生或许比本科生更需要接受通识教育。

第一节 优秀的综合素养是所有学生一生的财富

在眼下的中国，科技的驱动导致人们沟通和行为的变化，进而产生心理的变化。伴随着社会群体的行为和心理的变化，学校如何为高职学生这一群体未来走向社会做好教育准备？今天的社会发展快、压力大。而未来的社会发展会更快、压力会更大。科技的变化、沟通方式的发展、工作节奏的加快、竞争压力的增强、生活水平的提高等，已经伴随着我们的工作、学习、生活。这种从个体到群体的心理和行为变化，已经带来了社会秩序的挑战、公司管理的挑战、市场消费心理的挑战等。如何让学生未来既能高效工作、心理又能正确接受现实社会的忧虑和顾虑？如何为未来做好准备？不仅要做好职业发展规划、具备职业技能，还需要具有对未来提高工作竞争力、心理成熟、社会稳定性等都产生积极作用的综合素养。

变换工作频繁，工作行业跨度大，未来难以预测，已经是今天的大学毕业生面临的常态。他们的未来甚至可以说是风云变幻，以不变应万变的唯有自己的综合素养。无论从事何种工作，综合素养都是陪伴自己一生的内化为人格的财富。

笔者最早担任班主任所带的学生中有金融保险专业毕业的，而如今在从事化妆品销售工作；有商务英语专业毕业的，如今在自己创业，从事物流管理方面的经营；有会计专业毕业的，如今在进行连锁经营……总之，能够始终如一地从事与本专业密切相关工作的学生较少。而近年来，接本和转本更是很多高职学生的毕业去向首选，笔者2020年指导的32位营销专业的毕业生中，有20多位通过专转本考试。这些学生如愿以偿地继续就读本科，而我们的高职教育重点实施的技能培养在他们未来的职业发展中能起的作用还有多少呢？

高职营销专业的毕业生从事电话营销、超市推销和二手房营销工作的比例很高，这些工作入职门槛较低，工作内容单调枯燥，学生难以坚持下去。不怕枯燥、不怕被拒绝和愿意坚持，是从事这类工作需要的能力。而如何才能在枯燥无味的岗位中坚持并且赢得客户的信任，并不是老师教会学生营销技能就能实现的，学生对社会的认知、对工作与生活压力的勇敢面对、克服困难和挑战的能力与心态等综合素养才是关键，而这些关键要素无法仅仅从职业技能的学习中获得，需要通识教育来完善学生的人格和品质。

近几年来，还有一类岗位成为高职院校学生的热门选择，那就是各类校外培训与辅导机构。以我们市场营销专业的学生为例，起初很多学生是在距离学校不远的小学生课外辅导机构里做兼职，负责机构小学员放学后的接送和作业辅导，以及周末的学习辅导。毕业求职时，很多学生就顺理成章地成为这些辅导机构里的老师。五花八门、体量庞大的中小学生课外辅导机构是迎合今天社会家长拼教育的时代需求和家长工作时间与学生放学时间不匹配的现实困难应运而生的。这样的机构品牌冗杂，几乎每一个生活小区附近都有相应的机构存在，自然对员工的需求量也很庞大。名不见经传的机构对员工入职的学历要求不高，在高职学生中很有市场。

高职学生的身份转为中小学生辅导老师之后，其综合素养不仅是自身工作能力的表现，更是影响一批又一批青少年学生学习成长的严肃问题。笔者认为，这些学生在大学期间修炼的综合素养是决定他们职业发展的根本所在。他们唯有具备优秀的综合素养才能让孩子们喜爱，让家长们放心。

学历层次的高低对于就业和职业发展固然产生影响，尤其是把学历层次作为就业敲门砖的时候，影响更大。因此，有条件的家庭现在越来越拼孩子，甚至为了孩子的大学第一学历而猛拼。可是我们的高职学生由于种种原因在高考中已经失去了就读本科院校的机会，未来就业面临的学历层次基本处于劣势。学历不耀眼，可以用知识内涵抵消劣势，因为工作中变现出的综合素养才是终身职业发展的根本。所以高职院校可以通过通识教育来实现为学生的终身发展提供综合素养培养的教育服务。学生在通识教育的学习中素质得到质的提升，未来在职业发展中必定有机会被发现和挖掘。

笔者从教20多年来带过的学生中，大凡步入社会后职业发展较好的学生基本是在校时综合素养较高的学生。例如，我们2016届市场营销专业的学生中，目前在苏州就业落户的学生中职业前景最看好的学生是该班的学习委员。她在刚开始入职某家国企时，得到的工作岗位也是跟大部分同学一样的行销岗。实习期满后，就直接进入该国企的编制，由行销转为办公室白领。而与其一起入职的一位硕士研究生没能通过实习期考核。该同学在校期间热爱学习、工作踏实，与人沟通友善大方，任课老师一致评价其"综合素质很高"。

培养高职学生的自知自信自强和奋勇进取的精神，让他们面对未来社会的时候，有信心有勇气有能力去面对就业和职业的竞争压力，面对工作中遇到的难题和挑战，是高职教育的重要内涵。无论何种学历层次的学生，都离不开这种迎接挑战的精神。而这种内涵并不是在职业技能的强化训练中得以渗透的，而是需要在日积月累的通识教育中渐渐渗透到学生的人格和品质中的。

优秀的综合素养是所有学生一生的财富。

第二节 职业技能替代不了职业素养

教育专家都认同学生的"T"型知识结构,高职院校学生的职业技能是显性的职业素质,相当于"T"的"丨",为提升综合素养而接受的通识教育无疑就是"T"的"—"。重视职业技能的培养不能替代通识教育的全面实施,横与竖是同时存在并且不能互相替代的关系。中国今天的高等教育是"通才教育"而非"英才教育",尤其对于文科专业的高职学生而言,通识教育往往决定职业技能的高低。以市场营销专业的学生为例,高职院校都在通过以赛促学来加强对学生的营销技能的训练,可是即使学生在技能大赛中获奖也不能代表他们未来与社会各类公众沟通的能力就一定强。因此,他们将来从事营销类的工作未必就会表现出色。未来他们要面对的公众各异,素养的高低才是决定能否赢得各类公众信赖的根本因素。

职业技能的强化训练就如同学生迎接高考的反复刷题,机械性地反复训练可以在技能演练中显现出成效,较强的单一技能也许在高职学生的短期就业中具有优势,就如同高考生在考试中会显示出高分。可是从长远展望,单一的技能并不能保证终身职业能力,当拥有的技能被新的技术或新人替代时,职业技能的优势将不再,就如同通过高分进入理想的大学,并不代表学生真的清楚自己的研究兴趣所在,不代表具有科学发展必备的创新思维和学术精神。

每个学生都是鲜活的个体,统一的职业技能训练模式未必适合所有的学生,唯有开放式的通识教育才能让所有的学生按照自己的学习兴趣真正遨游在职业素养的海洋里。

职业素养包含职业技能,又远远比职业技能丰富。美国著名心理学家麦克利兰于1973年提出了一个著名的素质冰山模型,就是将人员个体素质的不同表现形式划分为表面的"冰山以上部分"和深藏的"冰山以下部分"。

其中,"冰山以上部分"包括基本知识、基本技能,是外在表现,是容易了解与测量的部分,相对而言也比较容易通过培训来改变和发展。

而"冰山以下部分"包括社会角色、自我形象、特质和动机,是人内在的、难以测量的部分。它们不太容易通过外界的影响而得到改变,但对人员的行为与表现起关键性的作用。

大学生的职业素养一样可以看成是一座冰山:冰山浮在水面以上的1/8 的部分,包括大学生的外在形象、资质、知识、职业行为和职业技能等方面,是人们看得见的、显性的职业素养,并且通过各种学历证书、职业证书来证明,或者通过专业考试来验证,也是所有职业院校都在重视培养的部分。而冰山隐藏在水面以下的 7/8 的部分,包括大学生的职业意识、职业道德、职业作风、职业态度和内涵修养等方面,是人们看不见的、隐性的职业素养。由此可见,大部分的职业素养是人们看不见的。看不见的最容易被忽视,却又最不容易被测试。大学生职业素养的培养应该着眼于整座"冰山",以培养显性职业素养为基础,重点则是培养隐性职业素养。这个培养过程需要学校、学生、企业三方共同协作,从而实现"三方共赢"。

第三节 培养学生的终身职业能力是职业院校的责任

职业院校教育全面实施素质教育,不能仅仅培养学生的一技之长,而应以提升学生在职业活动中表现出来的综合品质为己任,狠抓涵盖智识、职业道德、职业能力等多种要素的综合品质即职业素养的训练,尤其是隐性职业素养的训练。而这也是每一位教师的责任。

2020 年 9 月 22 日,习近平主席在北京主持召开教育文化卫生体育领域专家代表座谈会,并发表了重要讲话。主席强调要大力发展职业教育培训,构建终身学习体系。

第四章 通识教育对于高职学生的意义

智能化和自动化也许会成为未来社会的主流，人工操作的机械性工作和业务或许会逐渐被取代或淘汰。而职业院校的教育直至今日依然是重在培养学生的一技之长，培养目标是能够快速适应首岗工作技能。那么首岗之后如果换岗怎么办？甚至可能下岗又该怎么办？未来社会里，谁能保证一个拥有高等职业教育学历和一技之长的学生能够在一个设定好的领域里有一个持久稳定的职业生涯呢？今天的社会发展很快，未来社会发展会更快，知识越来越先进，技术越来越超越时代，少量的精雕细琢的技术工匠是文化传承者，是社会的财富，可是大批量培养出来的"技工"式的毕业生能够具有职业竞争力吗？处于"人才"范畴尴尬边缘的高职学生拿什么在未来社会中竞聘？高不成低不就的心态是不是更加拉低了其就业优势？

所以必须把职业院校的人才培养定位放在未来社会的视角下接受考验，才能制订出科学合理的人才培养方案。这是职业院校的责任，更是高职院校需要深度思考的问题。如何在"职业"中体现"高等"，又如何在"高等"中突出"职业"，为我们的高职学生开启"智能化"的职业生涯？

中国的职业教育在发展之初就向德国先进的职业教育理念和职业教育模式学习。德国的教育比较好地体现了"终身学习"的特点，无论在人生的任何阶段如果想要学习，都有很好的政策条件扶持公民进入各类学校学习自己想学的知识或技能。比如德国的本科大学，申请入学的压力远远没有中国高考升入本科大学的压力这么巨大，学历层次的高低也就没有我们这边带来的职业影响这么大。部分德国学生在中学毕业后按照自身特点和兴趣放弃入读本科而选择就业前景较好的职业院校就读，在兴趣的引导下，德国的"工匠精神"能够在职业教育中得以传承。

然而中国有中国的特色，职业教育发展的历史与发达国家明显不同。我们的高职是由原来的中等专科升格及高等专科和高等职业院校并轨后开始发展的。因此，目前学生的来源也是与本科大学一样通过高考分数填报志愿录取，也就是说，学生并非是因为带着学习职业技能的目标来到职业学校，而是高考分数低于本科录取才来到高等职业院校的。在还没有明白"我来到这里是为了什么"的情况下,只培养技能,显然不是"完人"教育。需要在通识教育和专业教育并举的视野下,让学生既会做人又会做事,并且拥有终身学习的能力。

笔者对于职业教育终身学习体系的理解,一方面是指职业教育大力发展为社会公民提供培训的社会职能,满足公民在职业发展中需要某种技能时可以在高职院校得到培训实现;另一方面是指为高考录入的全日制学生培养"终身学习"的能力,要让学生有较广的知识面和对未来的认知,为学生构建终身学习的体系和条件。

我们可以把终身学习理解为保持持续的好奇心。对于高职学生来说,获得一技之长并不意味着职业教育就圆满完成,需要对知识技术和更多的技能保持持续的好奇心和学习热情,我们需要培养学生在大学校园里就接受持续学习理念的教育。现代优秀的企业都非常重视企业文化的建设,其中培养员工持续学习的动力和热情是企业文化的重要内容,未来企业最不需要的可能就是只会流水作业操作的机器人。我们的学生未来都需要适应企业对员工的要求。高职学生不是简单的技能使用者,而是技术型技能人才,这一定位必然要有创新精神和创造力,而创新和创造的前提就是具有对世界的好奇心,所以培养和支持学生的好奇心非常重要。高职院校要在人才培养体系中融入培养好奇心的文化内涵,帮助学生构建具有面向未来的知识技能体系,这样我们培养出来的学生才有能力应对飞速发展的未来社会,才能在千变万化的未来世界中发现机会创造职业价值。

高职院校有责任优先考虑学生的持续再教育,不仅要让学生在今天的劳动者就业中拥有优势,而且要确保学生在明天世界里的可立足能力。这是所有高职院校培养学生的责任。

第四节　培养综合职业素养离不开通识教育

高等职业教育的时代已经到来，这对于其内涵建设更是有了进一步的要求，职业素养作为高职人才的重要品格，其培养和培育已经是考量高职人才极为重要的指标，我们主要以目前高职学生的职业素养的培养中出现的问题为切入点，并结合产教深度融合的时代背景，从多个方面进行研究分析和探讨，希望形成对高职人才的培养具有借鉴意义的教学方案和理念。下面笔者将从培育机制的形成、企业文化、产教融合等方面分别展开论述。

随着时代与科技的不断进步，国人对于教育的认知和观念也在不断更新，从较早的学校阶段性教育转变成了现在的终身学习教育；融合供给侧改革理念，从以教师的教学为中心转变成了以学生的需求为中心来教学；从注重学生的学科发展转变成了注重能力的发展；近年来，更是一直提倡素质教育，以德立身、以技施长。最近我国高校普遍认同素质教育理念，强调素质教育在人才培养中非常重要，尤其是高职院校采取一系列措施、教育方针、管理办法全面提高和强化素质教育；但高职院校学生毕业后情况表明：与其他本科类院校相比，高职院校学生毕业后工作离职率明显偏高。据不完全研究表明，其主要原因是高职院校学生与人合作沟通能力、自我职业的认知和定位、自我能力的认可度、自信度、抗挫折能力等方面较其他优秀学校学生的存在差距，这也直接表明了高职学生缺少市场竞争力大部分是由于职业素养的缺失或不足。那么，在现如今市场竞争越发激烈，校企合作、产教融合崛起发力的时代背景下，如何根据企业的需要，调整培养路径，培育技能人才，就成了高职教育为学生负责、为国家尽力的重大挑战。

一、国内外职业教育对职业素养研究的现状

截至目前,国内对职业素养的培育有一系列的研究和探索,特别是在校企联动方面,认为将企业文化的元素融入职业素养教育中至关重要,以企业文化为基础数据源头,提炼共性化、个性化企业文化的内涵特点,建立现代教育体系大平台,满足共性化和个性化学生的需求,为学生进入企业提早谋划,才能加快施展。教育部副部长鲁昕提出,建设现代职业教育体系是解决就业结构性矛盾的重要举措,而产教融合、培养学生的综合职业素养是建设现代职业教育的重点努力方向。

国外职业教育发展认识速度较快,已经确立了比较完善的职业教育的理论和方法。如英国的职业教育采用现代学徒制,旨在深化产教融合、校企合作,进一步完善校企合作育人机制,创新技术技能人才培养模式;德国的职业教育与企业息息相关、无缝接轨,教学内容以企业的需求为主,教学教材由企业技术负责人员编写;新加坡的职业教育高度重视学生技能训练和创新创意能力的培养,关心学生人文素养的养成教育;日本的职业教育最引人注目的是优秀职业精神的培养,在日常的教学过程中融入了团队意识、劳动意识、竞争意识、责任意识等内容,于潜移默化中培养学生优秀的职业素养。

二、我国高职院校在培育学生职业素养方面存在的主要问题

1. 高职院校对学生职业素养的培育脱离企业需求

据麦可思调查数据显示,高职生就业后的离职率比本科生要高,存在职业生涯模糊、不能客观地认识自己、不善于处理人际关系、专业知识不扎实、基础知识面不宽等问题。这些问题归根结底,主要是由于高职学生职业素养的培养脱离企业需求,低着头走路,未能正确研判学生和企业对教学的真正需求。目前,大多高职院校的职业素养培育,还故步自封,缺少自主创新。随着科技的迅速发展,企业更新迭代十分迅

速，高职院校教育的内容、方法、课程、技能等多个方面跟不上企业的变更速度，导致教学无成果、教学无用，高职学生毕业后无法快速适应企业的正确需求。

2. 高职院校对学生职业素养培育的模式不完善

大多研究学者认为高职院校的学生职业素养不足主要原因还是职业教育的"重理论、轻实践"，一味教学，纸上谈兵。而事实上，学习的知识和学习知识的能力都尤为重要。由于高职院校本身定位于学生的技能培养，忽视了对学生职业责任、职业道德等职业素养方面的培养，教育与教学采用分开传授，不能圆融而为，这种教学体制致使学生本身对职业素养的认知有所偏差，而且各高职院校一般不设置专门针对学生开展职业素养培育的机构，仅举办一些专业讲座、文体活动、素质拓展活动、企业观摩等，难以高效、精准地培养学生的职业素养和专业技术能力；高职院校中设置的就业指导课程，对学生进行就业指导、职业生涯规划教育，均停留在理论层面，内容和方法并不完全满足当前企业的需求，致使专业和职业没有很好地融合，导致学生盲目从业、不明职业方向。可见，高职院校的学生职业素养培育模式不够完善，一方面需要高职学生明确自己的定位，甘愿成为一线技能型人才；另一方面学校对职业教育的方式、方法、内容需要进一步完善和优化，将素质教育和技能教育优秀融合，结合企业实际，制定培养策略。

三、围绕企业需求，创建产教融合的职业素养培育机制

1. 明确产教融合背景下培育学生职业素养的人才培养目标

校企合作企业对高职学生工作情况反馈意见表明：企业对学生职业素养的关注度高于专业技术能力，这也表明高职学院一直对企业需求的认知是有偏差的。也正因为如此，教育部在《职业学校校企合作促进办法》中明确企业走入校园的政策和方法，意在为高职学院增加动能和活力。与企业保持有效的沟通和实践枢纽，为高职学生不断输入最新技能和新鲜血液，高职院校必须结合实际，以校企合作为载体，加强与行业

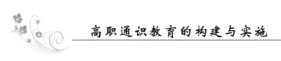

（企业）合作，切实解决"培养什么人、怎样培养人"的问题，明确就业导向下的高职学生职业素养培育人才培养目标，实现院校、企业、学生三方共赢的良好局面。

2. 以校企合作为载体，建立高职学生职业素养培育机制

当前，高职院校也逐步重视企业对人才的需求和标准，以校企合作作为良好的载体，打造培养学生的良好生态系统，培养学生的实践能力、职业素养，建立学校—企业联合培养联动机制，学生把学校的理论和企业的实践双向结合，做到理论联系实际，明确自己的职业目标与培养需求，学校可以根据学生情况，个性化调整原有设置课程、教育教学方法等。实现理论联系实际，实际指导理论，曲折向前的良好路径。校企合作的不断深入，使得高职学生由高职院校与企业共同培养的良好夙愿得以实现，更是让"职场化"教育教学充分融合。

3. 企业文化入校园是学生职业素养培育的有效途径

企业文化是企业立身之本，动力之源，发展之基。教育部原副部长鲁昕在全国教育工作会议上提出"把工业文化融入职业学校，做到产业文化进教育，企业文化进校园、进课堂"。企业文化在合作院校的宣传推广有利于进一步加强校企合作效应。校企深度合作，将企业文化和校园文化相互融合，形成具有企业文化特色的校园文化，对学生树立正确的职业价值观，对学生职业素养的培育都起着积极作用。企业文化通过校企合作的形式融入校园，将企业用人标准、企业文化课程、企业考核制度等结合到实际合成教学中，企业人员可参与教材编写、参与授课、参与实践技能指导，将企业文化中的工作作风和行为标准带入校园。在这种实体化院校与企业共同教学环境下，院校的教学产生了活力，激发了学生的创新、竞争意识，而企业需要学生具备的敬业、责任、合作、奉献、服从等职业素养在这种环境中也得以自觉养成。产教深度融合模式下的人才培养机制有利于提高大学生的职业素养，从而提高就业竞争力、人格魅力及职业规划能力；有利于满足企业对现代人才的需要，解决校企双方的供需矛盾；也有利于高职院校提升高职毕业生的可持续发展能力，为国家培养出高素质的应用型技能人才。

第五章 高职通识教育实施的途径

第一节 发达国家高职通识教育的启示

西方发达国家的学者们大多认为现代大学的学术分科太专门化，知识被严重割裂，设置通识教育则是培养学生独立思考的能力，并且让学生能对不同的学科有所认识，最终目的是培养出完全、完整的人。20世纪以来，通识教育已广泛成为欧美国家大学包括职业院校的必修科目。经过一个世纪的实践，发达国家的高校通识教育已经发展得十分成熟，有着丰富的理论基础和教学实施经验，对于世界各国的高校通识教育包括我国的高职通识教育都有很强的参考价值。

一、完善保障职业教育通识教育的法律法规

各国政府相继出台一系列修订法案不断呼吁职业教育与通识教育相结合，例如美国颁布的《技术准备法案》，日本颁布的《职业能力开发促进法》等。不仅有完善的法律法规保障职业教育和通识教育相结合，而且从法律层面明确资金保障，支持通识教育的建设发展。同时不断修

改和完善相关法律法规，明确资金投入比例，提高资金投入额度，确保职业教育在通识教育方面所需的建设资金，例如美国《高等教育法》规定社区学院可以拿出22%的学校发展资金，用于更新通识教育课程内容和师资培训。

政府颁布的一系列法案和资助计划，保障了高职院校在资金方面的需求，同时也为通识教育实施提供了重要保障。

二、服务行业企业和学生终身发展

职业教育是学校服务于职业素质的教育，其定位既需要体现出"职业"的特点，又不能离开"教育"的本质。职业教育的一端连着企业，另一端连着面向学生的教育，所以职业教育的人才培养需要满足行业企业和学生终身发展的两方面需要。国外高职院校在实施通识教育中也体现着这种教育理念。具体来看，主要包括三个方面：

1. 制定明确的人才培养目标

通识教育首要解决的问题就是明确人才培养的目标。发达国家的高等职业院校的通识教育发展历史悠久，能够紧贴行业企业发展趋势，密切关注学生发展需要，课程内容不断得到优化调整。例如，加拿大安大略省构建了以基本就业技能培养为导向的通识教育课程模式，较好地满足了行业企业转型发展对人才的需求。总之，发达国家的高职通识教育的重要性已经成为教育者和雇主的共识，培养目标旨在全面提高学生的综合素养，避免过分专业化和片面发展。

2. 设立多样化的课程模式

西方国家高职院校的发展理念是服务行业企业和学生终身发展需要相结合，设立了多样化的课程模式。以美国社区大学为例，总体来看，有四种模式：分布模式、自由选修、名著课程和核心课程。由于社区大学的学生往往在毕业之后会继续进入美国本科大学就读，所以社区大学一年级和二年级的培养课程基本与本科大学接轨。事实上这种学历的转换类似于我们的高职学生大量地进入转本轨道，对我们的高职教育具有

第五章 高职通识教育实施的途径

非常重要的参考价值。他们的通识教育课程集中在大学一年级和二年级，课程选择的内容丰富、自由度大；注重培养学生的写作能力、沟通能力和独立思考的能力；课程评价体系多元化，主要评价四个方面的内容：具备良好的写作能力、正确的鉴别能力，掌握多元的文化知识，能够了解自身文化和其他文化的内在价值，在某些知识领域具备较高的专业水平。

3. 上下联动，多元参与的管理体系

发达国家的教育主管部门高度重视提升通识教育的管理水平，不断完善制度建设，构建了"政府主导，学校为主，行业企业参与"的管理体系。

其中，政府建立了专门的通识教育管理机构，负责对通识教育的教育教学进行宏观指导，定期组织专家评估，不断提升教学水平和质量。

而职业教育学校内部也建立了课程委员会、选修办公室和辅导中心相关管理机构。其中，课程委员会成员主要由教授、行业企业专家和教师组成，负责通识课程的设计、审核和修订。选修办公室是课程实施的关键部门，由分管教学工作的副校长直接领导，功能包括汇编课程手册、课程调整、保存学历档案和汇集学生资料。辅导中心主要为学生提供有关通识教育方面的咨询工作，特别为新生提供各种学习上的帮助，包括个别辅导、讲座和辅助性教学等。

行业企业层面，在行业委员会的指导下，积极委派专家、技术能手参与通识教育管理，指导高职院校制定灵活多样的通识教育课程，满足学生多样化的学习需求。

第二节 高职院校实施通识教育的着力点

耶鲁大学前任校长理查德·莱文曾说过：如果一个学生从耶鲁大学毕业后，居然拥有了某种很专业的知识和技能，那将是耶鲁教育最大的

失败。

虽然我们高职院校的办学目标和耶鲁大学不具有可比性,但是教育的内涵在于:学生具体在学习什么固然重要,但更重要的在于学习那些普遍的、能突破任何学科界限的知识与智慧,比如如何创新地运用思维,如何去解决问题,如何清晰地沟通。学习如何学习,或许更为重要,学会终身学习,即便毕业多年仍然能够感受到教育的滋养,这就是常说的"授之以鱼,不如授之以渔"。

高职院校实施通识教育需要明确三大着力点:

1. 培养学生的创新意识

创新是一个民族屹立于世界强国的不竭动力,唯有创新才有未来。创新思维的培养只有依靠教育。我们教育的目标就是要培养出有思想力的人,而不是只会动手操作的人。

很多人一直因为中国是制造业大国而失去对"中国制造"正确的认识。美国其实也是制造业大国,而且是创造性的制造。中国制造业的鄙视链中存在令人担忧的断崖,比如我们是制笔业大国,可是小小的圆珠笔尖曾经长期完全依赖进口,这样的一个小小配件对不锈钢材质和生产工序的要求极高,直到2017年才实现中国制造。中国作为世界制造业大国,为何在漫长的时间里无法实现一个圆珠笔尖的完全自主研发和生产?我们的制造业需要晋级为高端制造业。

为企业提供技术型技能人才的高职教育也不能继续停留在简单的"形而下"的操作性教育层面。职业教育必须注入"科技内涵",培养学生的创新意识和创新精神。一旦注入科技内涵,操作和实践不但容易上手,而且能够手脑并用。如此一来,职业教育不再是培养普通技工的低端培训场,我们培养出来的不再是普通意义上的"蓝领",而是能够锻造出能文能武、具有创新精神的工程技术专家和未来的"大国工匠"。

2. 培养学生的质量意识和规则意识

相同的原料、相同的生产线和管理制度,中国工人却无法生产出与发达国家同等质量的产品,问题其实就出在缺乏"工匠精神"上。怎样培养未来的大国工匠,让中国的产品和服务成为世界的质量标杆?这是高等职业教育肩负的重大历史使命。近年来,高职职业技能大赛也是在如火如荼地开展。可是真正实现以赛促学目的的学校有几所呢?更为直接的目的就是在官方举办的大赛中获奖,获得能让学校排名向前进的奖项荣誉,对于奖项级别及奖项本身的看重已经超越了对于比赛本质的重视。能够派学生参加省赛和国赛的院校有几所?这几个学生为了比赛获奖而进行加班加点的训练,即使在国赛上获奖,是否就代表一所学校的整体教学水平在备赛中得以提高?广大的没有机会参加比赛的学生和这样的获奖有何关系?从中获得怎样的学习促进?如果深入思考这些问题,就会发现很难回答或探讨。

大国工匠精神追求的是技艺百分百精湛,而在竞赛中,大家追求的则是排名,至于是不是满分则显得不重要,关键是能够横向比拼分数排在前面获奖即可,只要得到一等奖,哪怕是只得 80 分又何妨。因为对于比赛,一定要是这样的评定规则才能排出获奖等级,所以未获满分也无可厚非。但是,在生产过程中,没有达到满分的产品和技术都是不合格的。因此,在实际教学中,我们要注重培养学生的质量意识和规则意识。众所周知,德国的优秀技工和中国老一辈的工匠,都有一种共同的特质,那就是精雕细琢,慢工出细活。对质量的追求体现了一种规则意识——严谨的态度和良好的职业作风。在当前国内经济转型发展和产业结构调整的大背景下,企业越来越看重毕业生除技能之外的职业精神,尤其是职业态度。笔者认为任何一家优秀的企业一定都希望自己的员工有高度的企业文化认同感、对雇主的忠诚、对岗位的坚守、具有可塑造性等隐性职业素养。技能可以强化培训,而这些职业素养不是短期培训就能培养出来的,需要通过长期的教育才能塑造出来。

3. 表达能力和沟通能力的培养

笔者曾经参加过学院行业指导委员会会议,会上合作企业在审阅人才培养目标时几乎都明确表示,技能训练固然重要,但是学生如何与社会沟通、融入社会也是企业非常重视的问题,开设相关的通识教育课程是必需。在日常教学中,作为专业课老师,我们经常发现有的学生虽有很好的营销策划设计方案,但是在与大家的交流过程中,始终不能恰如其分地表达自己，无法让他人理解自己的设计要旨，不能实现高效、愉快的沟通。很多毕业生之所以就业出现问题，往往在于没有接受过人文素质的通识教育，比如书面和口头的语言表达，都应该进行科学的结构化表达训练。除此之外，长期写作、国学、伦理、阅读、交流、公益、演讲等通识教育，都可以潜移默化地提升学生的职场竞争力。

第三节 完善人才培养方案

高职院校的人才培养方案一般着力点在于技能培养，没有通识教育概念的出现。人才培养方案是培育人才的指导性文件，教育教学改革需要从完善人才培养方案开始。笔者以某高职院校的市场营销专业的人才培养方案为例，简要分析目前高职院校人才培养方案的特点。

该院校市场营销专业合作的地方企业是一家日化有限公司，做某高端洗化产品的全国销售总代理。

培养目标：

本专业培养思想政治坚定、德技并修、全面发展，适应国家社会市场经济发展需要，具有爱岗敬业、诚实守信、遵纪守法、吃苦耐劳的职业素质，掌握商务谈判与沟通、市场调查与分析、市场营销策划等知识和技术技能，面向现代服务业领域的高素质劳动者和技术技能人才。

本专业毕业生立足于地方区域经济，主要面向现代服务业和先进制造业，从事市场调查、销售管理、客户服务工作，以及市场开发、公关谈判、品牌策划、企业管理等工作。

培养规格：

（一）素质要求

（1）具有爱国主义、集体主义和团队合作精神。

（2）具有良好的道德品质、文化修养和行为规范。

（3）具有健康的身体素质、心理素质。

(4) 具有爱岗敬业、诚实守信、遵纪守法、吃苦耐劳的职业素质。

(5) 具有创新精神和创业意识。

(二) 知识要求

1. 专业基本知识

(1) 了解经济学、管理学的基本内容和相关知识。

(2) 掌握市场营销原理与实务的基本知识。具备市场调查与预测能力及基本的市场开发能力；具有开展市场调研、顾客服务、产品推销、广告策划、促销宣传及营销战略制定的开拓能力和应变能力。

(3) 掌握商务礼仪与谈判的基本知识，并在实际工作中运用礼仪与谈判的基础知识。

(4) 了解消费者行为分析的基本知识和方法。

(5) 掌握市场调查的基本知识与方法。

(6) 掌握营销策划与组织的基本知识与方法。

(7) 熟悉现代市场营销的新知识、新技术，能运用互联网技术进行线上的市场销售、客户关系管理等活动。

2. 专业核心知识

(1) 正确理解并区别营销与销售的不同，接受各种新兴的营销概念与理念。

(2) 了解日化消费品等行业企业市场营销环境的构成，掌握 SWOT 分析法，能独立开展市场调查活动。

(3) 商务礼仪与推销谈判技巧，上门推销和电话营销的环节与技巧及应注意事项。

(4) STP 策略（市场细分、目标市场和市场定位）与营销 4P 策略（产品、价格、渠道、促销）的理解和综合运用知识。

(5) 熟悉竞争者类型，掌握居于不同竞争地位企业的竞争策略，理解竞争战略。理解营销战略的含义，了解市场营销计划的制订过程与实施环节，了解营销控制的过程和内容。

(6) 掌握"互联网+"在市场营销中的运用知识。

(三) 能力要求

1. 专业基本能力

(1) 具有良好的交流表达能力、团队协作能力、自我学习能力、独立解决问题的能力和一定的创新能力。

(2) 具有一定的英语应用能力。

(3) 具有一定的计算机应用与操作能力。

(4) 具有一定的组织协调和管理能力。

(5) 掌握工艺、产品、通用工程技术和工具平台使用等相关的工商融和复合性技能。

2. 专业核心能力

(1) 运用全渠道营销观念指导营销工作,进行营销活动的策划与实施。

(2) 具有开展市场调研,并进行分析与预测的知识与能力及基本的市场开发能力。

(3) 熟悉商务活动中的礼仪要求,能够进行商务活动接待工作;了解商务谈判过程与技术技巧,并能运用其适当地参与谈判活动的能力。

(4) 掌握日化用品的消费者心理并用于提高顾客服务质量与效果,能够运用促销知识进行产品与服务促销宣传。

(5) 熟练运用现代互联网技术进行商品与服务的推广、客户的维护等活动的开展。

附表1:

职业能力考核一览表

学年	学期	考核项目	考核要求	考核方法	考核部门
		全国计算机等级考试	一级	国家(省)统考	教育部考试中心(省考试院)
		省高校英语应用能力水平考试(全国大学生英语四级考试)	B级(或全国大学生英语四级考试成绩不低于350分)	国家统考	教育部考试中心

第五章 高职通识教育实施的途径

附表2：

教学活动时间分配表　　　　　　　　　　　单位：周

学年	学期	总周数	其中		教学周数分配			
			教学周期	寒暑假	课堂教学	答疑	考试（答辩）	顶岗实习（毕业论文设计）
一	1	50	17	14	15（含军事训练2周）	1	1	
	2		19		17	1	1	
二	3	52	19	14	17	1	1	
	4		19		17	1	1	
三	5	43	19	5	17	1	1	
	6		19				1	18
小计		145	112	33	83	5	6	18

附表3：

各类课程学时学分分配表

课程类别	学分分配		学时分配			
	学分	占教学活动总学分比例/%	学时	占教学活动总学时比例/%	实践学时	实践实时占本类学时比例/%
职业素质课	41	30	844	34	333	24
职业知识课	68	51	1 080	43	540	38
职业能力课	18	14	468	19	468	34
职业拓展课	6	5	108	4	54	4
合计	133	100	2 500	100	1 395	100

注：顶岗实习的总学时统一按照（26学时/周）计算，学分按相关规定计算。

附表4：

2020级市场营销专业课程设置与教学时数分配表

课程性质	课程编码	课程名称	学分	课程类型	教学学时 总学时	教学学时 其中实践学时	各学期课堂教学周数和周学时分配 一	二	三	四	五	六	课程考核要求 考试	课程考核要求 考查
		一、职业素质类课程	41		844	333								
必修课	050001	思想道德修养与法律基础	3	B	54	8	4/13.5周						1	
	050002	毛泽东思想和中国特色社会主义理论体系概论	4	B	72	8		4					2	
	050233	形势与政策	1	A	48	0	2/4周	2/4周	2/4周	2/4周	2/4周	2/4周		1-6
	120001	职业发展与创新创业指导	3	B	54	18	2/5周	2/8周	2/8周	2/4周	2/2周			5
	070019	军事理论	2	A	36	0	3/12周							1
	070020	军事技能训练	2	C	112	112	56/2周							1
	070023	体育与健康	6	B	108	90	2/13周	2/14周	2/13周	2/14周				1-4
	170001	心理健康教育	2	A	36	0	3/12周							1
	050005 050006	大学英语A（Ⅰ/Ⅱ）	4	B	72	18	3/12周	2						1-2
	030396	计算机应用	3	B	54	45	4/12周	3/2周					3	
	030515	高等数学Ⅲ	6	A	108	0		2	2	2			4	
	180001	公共艺术课	2	B	36	0	2/9周	2/9周						1-2
	130001	劳动教育	2	B	36	34	9学时	9学时	9学时	9学时				1-4
	050288	中华优秀传统文化	1	A	18	0	2/9周							1

第五章　高职通识教育实施的途径

续表

课程性质	课程编码	课程名称	学分	课程类型	教学学时 总学时	教学学时 其中实践学时	各学期课堂教学周数和周学时分配 一	二	三	四	五	六	课程考核要求 考试	课程考核要求 考查
		二、职业知识类课程	71		1 080	540								
		（一）职业知识类专业平台课程	23		360	162								
	010159	经济学基础	2	B	36	9	2							2
		管理学基础	2	B	36	9		2						3
	010014	市场营销原理与实务A	5	B	72	36	6/12周						1	
	010157	商务谈判与沟通技巧	5	B	72	36		4						2
		营销案例精粹	2	B	36	18			2					3
	030452	MS Office 高级应用	7	B	108	54				6				4
		（二）职业知识类专业方向课程	48		720	378								
	010016	消费心理学A	5	B	72	36	2	2						3
	010010	市场调查与预测	2	B	36	18		2						3
必修课		市场营销技能竞赛	5	B	72	36	4/9周	4/9周						2
	010011	市场营销策划	5	B	72	36				4				4
	010032	电子商务实务A	5	B	72	36				4				4
	010120	推销技巧	5	B	72	36					4			5
		网店运营推广	5	B	72	36					4			5
		软文营销	2	B	36	18					2			5
	010167	跨境电子商务基础	5	B	72	36				4				4
	010144	现代广告策划	5	B	72	36					4			5
	010127	客户关系管理	2	B	36	27			2					3
	010146	新媒体营销	2	B	36	27				2				4

续表

课程性质	课程编码	课程名称	学分	课程类型	教学学时		各学期课堂教学周数和周学时分配						课程考核要求	
					总学时	其中实践学时	一	二	三	四	五	六	考试	考查
三、职业能力类课程			18		468	468								
	010178	顶岗实习、毕业设计（论文）	18	C	468	468						26/18周		6
四、职业拓展类课程			6		108	54								
		公共选修课												
		周学时合计					28	29	22	25	22			
		实践教学总学时		1 395			实践教学总分				79			
		教学活动总学时		2 500			教学活动总学分				133			

备注：(1) 课程类型：A 类为"理论课"（无实验实训）；B 类为"（理论+实践）课"（有实验实训）；C 类为"实践课"（顶岗实习、毕业论文或设计）；(2) 顶岗实习、毕业设计（论文）课程的学时统一按照 26 学时/周计算；(3) 公共选修课通过教师申报、教务处牵头组织论证、学生选课后确定。

从上述人才培养方案[1]可以看出：该专业的培养目标设置得较抽象且不全面；知识要求是围绕专业展开设计，找不到通识教育融入其中的痕迹；素质与能力要求没有具体对应的课程设置，成为模糊抽象的指标；选修课的课程数量和学分占比远远低于必修课，并且没有固定的课程体系；所有学生的职业能力课程都是一刀切地完成一篇毕业论文的撰写。

在选修课的实施过程中，部分学生不是按照兴趣选课，而是根据是否容易获得学分去选择；部分选修课可能成为"水课"。专业必修课程往往从大一第一学期一直开设到第五学期，学生在没有完全清楚地认知专业内涵的时候就开始学习专业课程，难免存在被动和学习困难的问题。第六学期全部是毕业论文设计和就业实习期，有限的三年六个学期时间里，还要去除不在校学习生活的一个实习学期，这就使得高职学生

---

[1] 出自某高等职业技术学院的市场营销专业的《人才培养方案》，2020 年 7 月。

在大学环境里进行深度文化浸润的愿望难以实现。

高职学生在毕业前夕回顾三年的大学学习生活，很多学生对已经学习过的大学课程没有深刻的印象，鲜少有学生能够回答出"我是怎样的毕业生""我的大学教会了我什么""我能够做怎样的工作"等此类问题。

制订科学的人才培养方案，首先应该确定科学的全面发展的人才培养目标。高职院校发展的指导纲领就是人才培养目标，人才培养目标的具体内容决定了高职院校人才培养工作的基本方向、基本方针和根本目标，体现了学校的办学层次和水平，表达了人才培养工作的使命和愿景，彰显了高职学校的精神与品格。人才培养目标是与学校发展阶段和办学定位相吻合的。各院校培养目标在具有特殊性的同时，也具有普遍的共性，例如都会强调立德树人、健全人格、高素质、高技能、社会责任等。然而这样的口号式目标多体现在外延，重外延而轻内涵。

教育部《关于深化职业教育教学改革全面提高人才培养质量的若干意见》中指出：高职院校要遵循职业教育和学生身心发展规律，加强全体学生思想道德、人文素养教育和技术技能培养，促进学生德智体美全面发展。在人民生活不断改善、产业结构不断优化、创新驱动发展战略深入推进的当下，高职教育以服务发展为宗旨，以促进就业为导向，深化产教融合、校企合作，重视专业技术技能人才培养，让学生在掌握一技之长、提高就业和创新创业能力的同时，也开拓学生的视野，关注学生的自我完善和自我成长，重视学生品德修养、身心健康、素质修养、综合素养、创新创业精神及社会责任感等人才特质的培养，以具有高职特色的通识教育促进学生健全人格的形成。

对于高技能人才这一培养目标，各个高职院校都"举全校之力"推进学生在全国技能大赛中拿下大奖。虽说以赛促学，但是"获奖"的目的性远大于"学一技之长"。挑选出的参赛学生往往长期停课专攻比赛训练，假如获得理想的奖项固然成为功臣，如果没有获奖，那么停学的课程会不会对学生的素质培养产生不利影响呢？而且参加技能大赛的学生毕竟是凤毛麟角，广大的学生群体依然是在每一天的学习中实现素质教育的目标。所以关注平凡的教学日常、每一门课的科学设置、怎样的培养模式才能让学生真正地在学习，才是高职教育的重中之重。

2019年中国"职教20条"印发，其中，"实操手册"就职业教育的招生考试方式、职业教育的升学"立交桥"、职教毕业生的薪资待遇等焦点问题给出了具体的落实方案。显示出国家将用行动真正解决职业教育发展过程中的实际问题。

2020年9月29日教育部联合九部委联合印发《职业教育提质培优行动计划（2020—2023年）》，高职院校必然要全面深化教育教学改革，研制新的人才培养方案，实现"提质培优"的职业教育目标。《职业教育提质培优行动计划（2020—2023年）》的主要目标包括职业学校办学水平、人才培养质量和就业质量整体提升，职业教育的吸引力和社会认可度大幅提高，有效支撑地方经济社会发展和国家重大战略。"把发展专科高职教育作为优化高等教育结构和培养大国工匠、能工巧匠的重要方式，输送区域发展急需的高素质技术技能人才。不限制专科高职学校招收中职毕业生的比例，适度扩大专升本招生计划，为部分有意愿的高职（专科）毕业生提供继续深造的机会。推动各地落实职业学校毕业生在落户、就业、参加机关事业单位招聘、职称评审、职级晋升等方面与普通高校毕业生享受同等待遇。扎实推进中国特色高水平高职学校和专业建设计划，加强绩效考核与评价，建成一批高技能人才培养培训基地和技术技能创新平台。探索高职专业认证。推进专科高职学校高质量发展，遴选300所左右省域高水平高职学校和600个左右高水平专业群。"

《实施职业教育"三教"改革攻坚行动》的第21条任务"提升职业教育专业和课程教学质量"中规定：规范人才培养方案研制发布程序，建立职业学校人才培养方案公开制度，为行业指导、企业选择、学生学习、同行交流、社会监督提供便利。加强课堂教学日常管理，规范教学秩序。推动职业学校"课堂革命"，适应生源多样化特点，将课程教学改革推向纵深。

可见人才培养方案的修订与完善是当务之急。在新的人才培养方案中要体现《职业教育提质培优行动计划（2020—2023年）》的纲领，加

第五章　高职通识教育实施的途径

强习近平新时代中国特色社会主义理论的思想政治教育，加强薄弱环节的短板补齐，融入"工匠精神"的学习与实践，提升高职学生的包括思想文化素质在内的综合素养的水平。以市场营销专业的人才培养方案为例，笔者认为需要明确说明：毕业生的综合素养包括文化素质、思想素质、职业素质达到的层级；工匠精神和认同企业文化的培养目标与培养实施办法；营销技能的考核标准；职业可持续发展的能力；等等。

第四节　改革课程设置与专业选择规则

课程设置是高职院校人才培养目标的具体体现，是各学校开展教育教学活动的根本依据。高职院校需要构建通专兼重的课程体系，要实现通识教育与专业教育融合发展，必须将通识课程质量与专业课程质量提高到同等重要的地位，构建与专业教育课程同等质量的通识教育课程。2014年《国务院关于加快发展现代职业教育的决定》中就已经指出并明确了今后一个时期加快发展现代职业教育的指导思想、基本原则、目标任务和政策措施，提出"到2020年，形成适应发展需求、产教深度融合、中职高职衔接、职业教育与普通教育相互沟通，体现终身教育理念，具有中国特色、世界水平的现代职业教育体系"[1]。这份决定明确提出职业教育的终身教育理念，与普通教育的沟通连接显然是与高中和本科的两端连接；要形成对接紧密、特色鲜明、动态调整的职业教育课程体系，全面实施素质教育，科学合理设置课程，将职业道德、人文素养教育贯穿培养全过程。为培养高素质技能型人才，促进学生德智体美全面发展，在保证专业教育课程与产业需求、职业标准对接、生产过程相对接的同时，应全面梳理整合通识教育课程资源，建立通识教育课程模块，健全通识课程建设体制机制，开齐、开足、开好公民素养、文化

---

[1] 2014年《国务院关于加快发展现代职业教育的决定》。

基础、人文素养、科学素养、职业素养、创新创业教育等模块课程,倾力打造全过程、全方位促进学生可持续发展及成长成才大格局。

一、通识教育类课程应该具备的特色

2018年9月,全国教育大会在北京召开,习近平总书记在会上强调:要努力构建德智体美劳全面培养的教育体系,形成更高水平的人才培养体系。对于高职院校来说,构建"德智体美劳全面培养的教育体系",显然不能仅靠培养学生的一技之长,必须开展通识教育。我们培养的学生既要具有职业技能,又必须是能够融入社会的大写的人,这样的"全人"离不开通识教育赋予学生的文化熏陶、社会洞察、生活情趣和道德情操。

高职院校传统的通识教育都是统一划归在"公共基础课类别",而公共基础课在教学实施过程中暴露出课程设置的科学性欠缺、教学资源有限、教与学的方式单一、学生学习的积极性和兴趣不够、部分学生学习的动机以"混学分"为主等。因此,我们需要系统科学地构建高职通识教育的课程体系,思考并确定高职通识教育的理念、模式和实施路径,聚力高素质技术技能人才的培养目标,形成具有中国特色的高等职业教育的通识教育课程系统。

高等职业教育的通识教育课程体系构建以"立德"为核心思想,以"树人"为根本目标,着力于修炼"知书""达理""有趣""重情",培养"做人"的技能。所谓"知书"是指培养阅读习惯,在读书中修炼高职学生的气质和风度,真正把大学作为"读书的天堂";所谓"达理"是指明事理明物理,古人云"世事通明皆学问,人情练达即文章";"有趣"是指有自己的兴趣爱好,对学习对职业规划对社会对自己都充满认知探索的兴趣,同时也在生活中成为有情趣的人;所谓"重情"是指具有家国情怀,有情怀有温度有态度,有高尚的心境,有表达的语境。该体系把原有的公共基础课和分散的选修课程进行有机整合并改善,重新构建真正的通识教育课程体系。如果说职业教育的专业教育是着力于培养学生的"职业操作"的技术和技能,学会"做事",那么通识教育则肩负着培养学生超越职业化的"做人"素养和技能的责任。只有专业教育和通识教育高度融合,才能让我们的学生成为真正的技术技能人才,成为一个完整的人。除了深耕某种富有深度的专业知识和技能领域之外,还拥有高尚的职业情操和大国工匠精神,拥有愉快地追求美好生活的能力。专业课程和通识课程的有机融合将会实现:较强的职业生存能力,正确的社会生活态度,美好的家国情怀。专通兼备的课程体系需要涵盖思政、社会、科学、文化、职业五个维度,全面培养学生的思想政治觉悟、社会认知能力、科学文明素养、文化知识水平、职业技术与技能五大方面的素质,形成具有中国特色的符合新时代高等职业教育发展的通识教育课程体系。

1. 课程设置构想

高职学生在大学一年级以通识类教育课程为主,设置六大类:思政教育类课程、职业精神教育类课程、文化育人类课程、人文与社会科学类课程、科普教育类课程、专业认知类课程。第一类、第二类和第三类是所有学生必修课程,第四类、第五类和第六类的课程体系里全部设计为选修课程,所有学生从每一个类别中任选一门课。也就是说,第一类、第二类和第三类课程是所有学生需要一直学习和修炼的学习内容,第四类到第六类课程由学生按照自己的兴趣进行选择。每一门经过认真研讨确定的选修课程,不要设定最低开课人数,可以根据学校的教学条件设定最多容纳人数,从而尽可能满足所有学生的兴趣选择。在人文与社会科学类的选修课程中,可以设置丰富的阅读类、国学类、历史类、艺术类、社会学等课程,丰富学生的视野,拓展思辨能力,提升气质和修养。而简单的科普类课程可以让学生了解周围的世界、自然与生态,更好地爱生活爱地球爱我们生存的环境。

对大学二年级学生,则以通识类课程和专业类课程相结合的方式进行课程设置,第一类、第二类和第三类依旧是必修课程:思政教育类、文化育人类和职业精神类。第四类是专业选修课程。

对于大学三年级学生,则是思政教育类课程、专业必修课程和企业学院共建必修课程。笔者认为既往大学三年级的第六个学期安排学生进行毕业论文设计和自主实习，可以根据学校多年来实施的效果进行相应的改革或完善，比如不再把毕业论文合格作为毕业必备条件之一，由企业学院的课程学习和实践考核成绩进行替代；而自主实习其实是为了方便学生在毕业前能够落实就业单位，现实则是并非所有的学生都是毕业后立即就业，并非所有的学生都把这一个学期的时间用来求职和实习，因此，为了有效利用这一个学期的宝贵时间，学校可以给学生自主选择的机会：学习转本考试课程，在企业学院进行实践性学习，或者自主寻找就业单位实习。根据学生不同的选择，学校给予不同的支持政策。

丰富的选修课程能让高职学生对学习产生一定的兴趣，课程的设置需要与高职学生的学习基础和心智特点相适应，既可以满足他们的兴趣，又具有适合他们学习的难易程度，才是真正符合高职学生学情的科学的课程设置。

丰富广博的课程设置让高职学生领会：大学就是读书的天堂，大学就是构建我们"T"型知识结构的乐土。为不同年级的学生设置不同的"奢华"的选课套餐，才能满足学生不同的职业需求。

2. 根据学情分班

现阶段的高职院校除了少量的选修课程是各专业混班上课外，其他课程基本是按照专业分班学习和考核。笔者认为，部分非专业课程可以打破专业的限制，按照学情分班，即同样学习基础的学生在一个班级里共同上课。如此不仅可以方便教师的教学实施，而且学生之间的学术交流也会沟通顺畅。不同专业的学生一起上课，还可以实现职业兴趣的多样化融合，多样化的氛围不仅可以促进学生之间的互相学习，而且有助于培养学生的包容品格。

在必修课程的设置中，同样的课程可以按照学生的学习基础设置不同的难度层次，比如数学类的课程，所有学生在选择必修课程之前进行分班测试，根据测试成绩给出相应的选课建议。基础较好的学生可以选择难度高一些的数学课，一个学期修完即可获得相应的学分，这门课就学习结束，节省出的时间可以选择更多的选修课满足自己的兴趣发展；

基础薄弱的学生选择难度较低的数学课，通过低难度级别的课程学习之后再继续学习高一级别的数学课。再比如英语类的学习考试，由于不同专业对应的职业对英语的应用能力的要求不同，因此，可以根据学生的职业规划，自由选择是否参加四级与六级考试，某些专业可以采用专业英语的考核成绩替代通过三级 B 作为毕业条件之一。有些学生本身英语学习的基础非常薄弱，如果未来的职业发展对英语没有要求，那么就可以根据自身的特点和需要选择自己能够学得通的英语课程类别。

如此根据学情设置课程选择规则，可以照顾到学生的个体特征，让每一个学生都能在学习中找到信心和目标，从而实现我们文化育人的教育目的。

3. 培养学术信仰

大学是每一个学生学术生涯中最浓墨重彩的一笔，也是最便于实现个人学术特色的学习阶段。学术是高尚、诚信和严肃的，一所学校给学生留下的学术影响也直接对学生的人生观和世界观产生重要影响，只有严格的学术规则才能真正地培养出人才。如何对学生的学习过程进行监管和实施严肃的考核规则，自然也成为高职教育需要思考的问题。我们可以试想：如果一个班级的学风很不理想，很多学生缺少学习的热情，沉迷于网络游戏和网络社交，那么这个班级的课程考核通过率怎样才能达标？如果通过不严格的考核而实现达标率，那么还怎能让一届又一届的学生对学术产生敬畏？如果大学教育失去了学术的严肃性，培养出来的还能称为人才吗？

笔者曾经接触过一个即将毕业的高职学生，在笔者询问他高职三年学习生涯中印象最深刻的一件事时，他脱口而出："大一第一学期，我几乎没有好好上过课，居然期末考试也通过了，太容易混了。"作为高职教师，笔者听了之后非常尴尬，半晌不知道怎样接他的话才合适。笔者认为，这个学生在走向社会后一定会对自己的大学学习有所遗憾，对曾经荒废的时日有些懊悔。当一个学生不爱学习时，老师放纵了他，当时他也许是开心地觉得老师太好了，但是当他逐渐成熟，渐渐清楚社会不会放纵任何一个"混日子"的人时，他将会对老师做出正确的判断和评价，然而此时的判断对于他已经晚了。我们身为教师，要做的就是不给学生这种遗憾、懊悔的机会。

对待学业严谨、诚信、专注、投入，正是身为学生最基本的要求，如果这项要求不达标，如何奢望学生未来能够具有大国工匠精神？怎么可能奢望学生被塑造成高素质人才？此方面品质是发达国家任何层次的学校都特别看重的学生素养，比如所有的高校基本会收取高额的补考费，如果一个学生有多门课需要补考，将会被补考费给拖"破产"，并且可能被要求"转学"或者"转专业"。有的高校让学生在入学时签署诚信保证书，考试不设监考，一旦出现不诚信行为，即刻被驱逐出校。这样的方法不失为严肃学风的好方法，对于一直管不好学风问题的高职院校来说，可以作为制定相关管理措施的参考。

根据笔者所带学生既往的学习经历，超过50%的学生对数学和大学英语这两门课程的学习存在难以攻克的困难，一般与学生的中学基础有关。由于这些学生在过去的数学或者英语学习中没有打好坚实的基础，因此，强求他们在大学里顺心学习这两门课程，显然不现实，基础学科绝非一蹴而就可以实现补缺补差的。笔者所在学校的每一个学期的补考科目里，补考人数最庞大的科目就是这两门课程。如果严格地按照同样的考核标准来进行补考考核，他们补考通过的概率与正常考试通过的概率一样低，那么将会产生无法正常毕业、学生负面情绪较大、老师左右为难等各种问题。而如果不严格考核，将失去学术的价值。因此，笔者认为根据高职学生的实际学情，应该对设置课程的层级和选课要求做出彻底改革，让每一个学生都能找到自己努力就有希望学好的课程级别，绝不可以让老师在"放水"和"严谨"中左右为难，维护学术的严肃和至高无上的地位非常重要，这对于学生未来的职业态度和职业精神也会产生深远的影响。不同基础的学生学习不同难度层次的课程，对于学生也是公平的事宜。比如有的学生基础较好而且学习很努力，可以选择难度大的课程，三年的GPA里将会记录下这份努力的成果。如果大家混在一起上同样难度的课程，通过降低考试要求来达到一定的通过率，那么对于这部分学生来说实则是不公平的。

二、增加学历提升课程

1. 为何要在高职教育中增加学历提升课程

由于目前的高职教育并非学生和家长的首选或者理想选择，一般是因为学生无法考入本科院校而不得已做出的选择。因此，越来越多的学生和家长为了实现中学阶段的"本科梦"而选择转本。面对这种发展的势头，高职院校应该给予学生足够的学历提升支持和指导，增设学历提升课程，助力学生实现"本科梦"。

笔者在2019学年第一学期初为自己担任导师所带的2019级学生举办了校园学习生活指导会，请2018级学生给学弟学妹们经验分享，会上2019级学生最感兴趣和询问最多的事项就是关于转本的问题：一是转本需要的条件，二是如何选择转本培训机构。学生在宿舍经常能够收到大量的有关转本培训的广告宣传单，面对五花八门的广告宣传，学生不仅难以分出优劣，而且无法分清培训费用的合理与否。每一个转本的学生花费在相关课程的培训上的费用都不菲，而大部分学生的家境并不富裕，于是其中很多学生为了减轻家庭的经济负担而去校外做兼职以赚取培训费用。正常情况下，大学生做兼职是一种锻炼，是好事，可是前提是不能影响学业，而且尽可能选择可以锻炼能力的兼职工作。笔者接触的很多案例却是学生从事的兼职工作就是为了赚钱，与兴趣无关，与锻炼无关，为了赚钱往往不惜耽误学业。原本是为了学习而兼职，但是纯粹以赚钱为目的的兼职又在耽误学习，等于陷入了一个混乱的循环。

面对此种广泛存在的现象，高职教育可以通过培养模式的改变而帮助学生摆脱这种混乱的循环。《职业教育提质培优行动计划（2020—2023年)》中已经明确提出高职教育增加学历提升的课程，改革势在必行。

2. 如何开设学历提升课程

笔者认为高职院校开设学历提升课程需要考虑如下的问题：（1）学历提升课程是否纳入学分计划？如果纳入学分，那么该划定在选修课程中还是必修课程中？（2）如何保证教师和学生教学此类课程的时间？

对于第一个问题，笔者认为，为了不增加学生的学习负担，应该将学历提升课程纳入学分计算系统。也就是说，学习学历提升课程获得的学分可以冲抵其他课程的学习。那么是冲抵选修课程还是必修课程呢？由于选修课程是人文与社会科学类和科普类课程，而这部分通识教育类课程是每一位大学生成长中不可或缺的综合素养修炼课程，如果这些学生转本成功，那么升入本科继续就读两年的时间里，也是以专业课学习为主，本科院校的这类通识课程一般也是在大一和大二年级开设。所以学历提升课程不应冲抵通识教育类的选修课。我们可以在必修基础课和必修专业课中平行开设专门用来适应转本考试的课程，专门为计划转本的学生开设。比如说数学课程，学生如果规划转本，那么就选择直通转本考试的数学课程，非转本的学生则选择通用性的数学课程。

对于第二个问题，由于学生需要同时学习转本课程和高等职业教育课程，那么双轨运行必然时间紧张。为了帮助学生合理规划时间，除了可以把转本课程作为必修课里开设的平行类别外，还可以在课程开设的时间上做出灵活分配，例如晚间开设部分学历提升课程，一方面满足授课教师课程时间的调配，另一方面可以大大增加学生晚上的时间利用率。目前大部分学生的课余时间都非常充足，合理有效地利用时间也可以让学生的校园生活充实起来。

高职院校开设学历提升课程能够极大减轻高职学生自己寻求转本出路的时间成本、经济成本和心理压力，是高等职业教育的必需内容。这种帮助学生架构通往本科院校立交桥的教育举措，必然得到学生、家长和社会的热烈欢迎。

三、增加时事政治类课程

思政教育是高校教育的重点内涵，这其中不能忽视时事政治课程。目前高职院校开设的思政教育课程主要有思想道德修养与法律基础、毛泽东思想和中国特色社会主义理论体系概论、形势与政策。这三类课程

第五章 高职通识教育实施的途径

的学习不能完全适应思政教育的要求,应该进行课程体系的科学重设,大部分学生这三类大课的学习效果并不理想,多半以通过考试获得学分为目标。思政课程应该加强学习效果的过程管理,同时要强调学生对时事政治的关注。当代大学生要有"风声雨声读书声,声声入耳"的情怀和"家事国事天下事,事事关心"的责任感。

笔者在教学中时有提到国家国际的热点时事,希望和学生进行互动交流,但是一般都是应者寥寥,因为大部分学生根本不知道当下的政治时事。笔者经常很感叹地问学生:"你们几乎手机不离手,那么在手机上关注的到底是什么事呢?"他们的回答一般都是游戏、直播、买家秀、追星等。在这个信息时代,青年学生难免会受到各类信息的"围攻",应该要学会自动过滤出来有效信息,避免浮躁喧哗的信息骚扰。有"国家兴亡,匹夫有责"的责任感,当然就会关注那些关系国家大事的热点新闻。

新闻时事在网络新闻中是重要内容之一,学生为什么不去关注浏览呢?笔者觉得一方面跟学生的生活习惯有关,另外,也跟高职教育中对此强调得不够有关。所以在高职教育的通识课程中加入"时事热点讨论"的相关课程很有必要,不仅能够培养学生关注国家大事的习惯,而且可以激发学生的爱国热情,拓展深度思考和表达的能力。

国外大学通常很重视培养学生关心国家国际时事政治的习惯,比如在大学通识教育最先进的美国,总统选举是几乎全美国人都关注的大事,每一所大学几乎都鼓励有选举权的学生积极参与投票选举总统,一些大学甚至对新生开设"美国的总统选举"的讨论课程,并且在选举投票开始后定期向学生的邮箱推送有关提醒投票截止时间的通知。再比如前段时间发生的警察对黑人暴力执法事件及后续发展而成的社会暴力事件,民众的反响都很强烈,而大学则是及时鼓励学生积极参与到讨论中来,并且引导学生对事件形成正确的认知。

虽然我们高职院校培养的学生定位在"具有高技能的技术性人才",而不是如美国一些私立大学的"精英人才",但是技术性人才和技能型人才都是国家的公民,都是青年学生,是国家的希望,一样需要构建关心国家和民族发展进步的思想意识，而这样的培养最好的时机就是在学校，包括所有的大学校园。高职学生普遍存在思考问题不够深刻、陈述问题缺乏严密的逻辑性、知识面不够广博、关心的社会问题较少等现象。而开设时事政治类课程正是弥补上述短板的有效方法，在这一课程的学习中，也正好融入真正的思政教育。

四、增加专门的写作课程，融合毕业论文设计

纵观高职院校教师十多年的毕业论文设计指导工作，虽然有的指导项目可以获得省级优秀毕业论文设计，但是这只是占比不到1‰的小概率事件，超过80%的学生在毕业论文工作中的表现都一言难尽。几乎所有学生的论文第一稿基本的语句通顺都无法保证，急功近利地在网上搜寻相关文章进行拼凑的痕迹非常明显，为了让查重率满足论文要求，就把语句修改得混乱不堪。至于说要有自己的观点并进行实践调研论证，简直就是天方夜谭。笔者根据学生的论文撰写问题联系平时教学中需要学生书面陈述观点，认为这种糟糕的论文撰写情况产生的原因如下。

1. 学生写作基础薄弱，写作能力非常有限

部分学生在中学阶段的阅读与写作就缺少训练或者学习效果欠佳，所以即使想写好一篇论文，也不知道该怎样撰写。

2. 学生学术态度较随意

平时学习任务中有关陈述或撰写性质的内容，很多学生也是随意使用"百度"搜索，而没有阅读文献的习惯和方法，更没有对待学术的严谨端正的态度和对待他人知识产权的尊重。这显然需要接受相关方面的通识教育。

3. 学生学习态度有些慵懒

学生即使自己本可以通过思考写出学习任务的某些内容，也不愿意去辛苦动脑筋，就习惯于"百度搜"，信手拈来不费力气。思想的惰性促使了学术态度的随意。

大学通识教育课程中写作应该是必不可少的占据核心地位的课程之一，一切的成果都不能只凭"说"来实现和展现，必须能"写"出来。写，既是阅读的积累转化，是腹中学识的输出，也是思考的过程，还是方便他人准确快速理解学生思维的方法，包括职业院校的学生。人们对职业教育的认识误区之一就是"拥有一技之长比学习文化知识重要"。《职业教育提质培优行动计划（2020—2023年）》中已经提出职业教育培养的学生必须具有"创造性"，如果一个高职学生在动手操作中有了新发现，产生改进操作设备的想法，那么这个想法怎样让别人认可并且转化成发明成果呢？必须"写"，只有写出来写清楚写明白，才能把想法转变成推动技术进步的成果。对于市场营销专业的学生来说，要有基本的撰写市场调查报告、广告文案、营销策划书的基本能力，这些都以写作能力作为基础。所以不论是文还是理，写作既是文化育人课程，也是一项技能。

笔者认为，高职学生开设写作课程完全符合职业院校培养创新型技术技能人才的目标，把毕业论文融合进写作课程，二者实现贯通，成为一门课程，从新生开始培养书面表达能力，到高年级时就可以把锻炼出来的写作能力和专业知识相融合，撰写出高质量的专业论文。

五、给予专业选择灵活空间

目前大学生的专业选择是在高考志愿填报中就已经确定的，这也是中国大学对录取学生进行专业编排的主要方式。固定的专业分配能够对大批量学生竞选专业起到平衡和简化工作内容的作用，但是也存在一定的弊端。一方面，很多学生在高考之后填报志愿之时还不能对大学专业的内涵有清晰的认识，最多就是通过志愿填报手册和网络查询进行了解，这种信息不对称性难免产生专业不合兴趣或专业不合潜能的情况，甚至很多学生不得不把专业录取的难易程度放在志愿选择的影响因素中；另一方面，即使学生在填报志愿时对所选专业感兴趣，但是入学学习一段时间之后，随着思想的成熟，可能发现兴趣发生了改变，对其他专业又产生了更大的兴趣,对于18岁左右的青年来说,学科兴趣发生转移很正常。因此,专业不可更换的原则极大限制了学生按照兴趣发展的自由。

人们常说"兴趣就是最好的老师",感兴趣的学习就是最有效的学习。高职学生在自己真正喜欢的专业领域进行深度学习,被培养成为真正具有创新性的高素质技术技能人才的可能性才会比较大。因此,笔者认为在选修专业认知类课程时,可以让学生尽情去尝试了解不同的专业,从而找到自己最感兴趣的点,最终在一年级学习结束前确定自己的专业方向。

当然,专业灵活选择与更换将会带来一系列前所未有的问题,比如:刚入校的高职学生现在基本是按照专业所在的二级学院进行管理,如果新生都不分专业,那将如何分组管理?在一年级结束前选择专业,如果出现各专业选择人数极度不平衡的情况,该怎样处理?不确定的专业确认人数,又将如何提前进行教学资源的合理配置?……这一系列问题都是难题,不仅既往没有相关经验,而且需要高职院校进行全校资源的统筹设计,当然还需要进行相关制度的变革。每当打破一项多年的习惯,步入一个全新的模式时,人们都会产生行为的不适应和心理的排斥,更何况这种学生管理的大变革。变革说说容易实施难。对此,笔者的认识如下:

其一,学生的住宿管理采用不分专业混合住宿管理模式。按照学生的性格和生活习惯等方面因素进行宿舍分配,即使未来专业选择不同,也并不影响宿舍成员之间的交流,而且不同专业兴趣的学生在一起交流,增加了多元化,促进了包容和分享。也就是说,住宿管理与学术管理完全独立,住宿不论专业,而学术则是相同者编入同一个班学习。这样可以帮助学生互相认识的人数极大提高,有利于加强校园内学生之间的交流和团结,同时可以促进不同专业的学生在一起进行跨专业合作交流。学校的建设都在施行专业群管理,鼓励跨院系建设专业群,那么学生的生活交流为什么不可以跨专业呢?此外,如果宿舍同学之间发生矛盾,由于大家不是来自同一个班级,那么矛盾自然也就限制在宿舍内部沟通解决，不像现在一旦宿舍同学之间有矛盾，往往引发一个班级的多名同学选边站，扩大和加剧矛盾。大学同学本身就是人生重要的资源，大学社区也是学生和教师共同的家园，认识的人数越多，这个家园的紧密性则越强。

其二，专业选择方面，学生在大一学年结束之前填写专业选择意向，每个学生可以选择三个志愿，按照先后顺序排序，并且附上对所选专业的认识，各专业负责老师参考学生的专业认识陈述和志愿顺序，进行筛选，筛选出的候选学生进入计算机系统按照录取的先后顺序进行智能分配。这样基本可以平衡各专业选择的人数，以保障教学资源能够满足各专业所需。如果出现少数专业无人选择或者选择极少的特例，或者极少数学生的专业选择落空的特例，那么可以进行第二次专业协调分配，满足极少数学生的志愿意向。实在无人选择的专业，笔者认为可以考虑暂时退出舞台了。

第五节 构建分类培养的立交桥模式

《职业教育提质培优行动计划（2020—2023 年）》提出，为职业教育的人才培养搭建立交桥。笔者在前面提到分层教学、提升学历课程与职教课程平行开设，其实就是构建高职院校分类育人的立交桥模式。在学生进入高职院校之初，就引导学生对未来的学习和职业进行规划，自由选择三年后的发展轨迹：转入本科继续学习，直接就业或者创业。根据不同的规划选择不同的学习课程。

未来职业教育将会进一步扩大招生范围，国家鼓励退役军人、下岗工人、农民报考职业院校，这部分培养对象将有别于根据高考分数而选择专科的高职学生，针对他们的培养，显然"职业技能"将是核心素质。随着职业教育服务社区的功能进一步发展，为社区人员提供"职业能力培训"的教育任务将会增加，立交桥中的"职业化"将会成为明显的风景线。

笔者这里提出的立交桥式的育人模式涵盖了学生的不同发展轨迹及规划路径类似但运行速度不同的培养模式。

中国的职业教育不同于其他国家，不论是在培养目标、招生方式，还是在生源构成方面都和欧美职业教育、新加坡职业教育及澳大利亚的TAFE学院都有很大的差异。美国的社区大学学制为两年，开设的课程与四年制本科大学的课程一致，以通识教育为主，部分职业技能学习，同时兼顾为社区提供免费职业技能的培训。也就是说，社区大学的功能多样化，为不同的培养对象确定不同的服务功能。由于社区大学是当地州政府提供主要的资金支持，与私立大学相比学费很便宜，所以部分社区大学的学生是自愿选择来到社区大学学习，学习两年之后转学进入名校继续学习，在社区大学获得的学分一并转入名校，和四年一贯的学生毕业后获得完全相同的学历。当然也有部分学生是由于学术成绩等条件不够申请四年制本科而进入社区大学学习，这部分学生类似于我们招收的高职学生。

澳大利亚的TAFE学院，则是以职业教育为显著特征，职业教育学校统一都叫TAFE学院，分布在澳洲的各个地方，兼职教师人数远超全职教师人数，上课的学生也基本以职业技能训练为目的，同在一门课程的班级里的学生年龄差可能很大，也就是说，有的学生是中学毕业后进入TAFE学习，有的学生则是工作很多年再到TAFE里学习一项职业技能。有的学生甚至是接受过本科教育后，再来到TAFE学习。所以TAFE的职业技能特征就是其主要特征。虽然TAFE的职业技能培训是世界各国学习的典范，但是它的办学定位与我们的高职学生来到学校学习的原因存在很大差异。

再例如新加坡的南洋理工学院，是中国职业院校教师赴海外学习进修的首选地。南洋理工学院的典型特色是"教学工厂"式办学，其最成功的办学经验就是把企业真实的项目拿到学校里由师生共同操作完成，不同专业系部的资源和成果可以共享。我们的高职院校一直以来也在大力促进校企合作，追求真实项目操作，但是目前只能说还是处于努力尝试阶段，没有做得很成熟，短期合作或者提供学生实习岗位可以，但是很少有学校能够跟某家企业进行真实有效的持久的可持续的合作。

中国的就业竞争的压力与上述这些国家也存在很大差异，发达国家的劳动力成本很高，所以高技能人才的薪酬非常有竞争力，拥有一技之长但是并没有很高学历的人就业机会很多，所以他们对职业院校的选择可以实现和本科院校平行同等对待。而我国由于学生人数庞大，就业压力非常大，较高薪酬或较好的就业岗位往往把入门的学历层次设置得很高，即使不需要本科及以上的学历就可以胜任岗位。因为高职学生在就业市场的竞争力较弱，所以未来很长一段时间都不可能消除高职学生和家长对更高学历深造的追求，不可能改变家长和学生选择大学的意愿。虽然《职业教育提质培优行动计划（2020—2023年）》中大力提倡职业教育学生和本科生在就业与薪酬方面被同样对待、大力发展职业教育本科院校，但是任重而道远。

所以眼下我们需要根据学生的不同发展方向，提供不同的教育培养模式，给予不同的路径选择及政策资源的支持。立交桥式的培养模式恰恰是中国特色的职业教育，是响应国家提出的职业教育提质培优的号召，大力发展优质职业教育的途径。

第六节　培养学生的终身学习能力

一、终身学习的含义

终身学习是指社会成员一生不断学习以满足社会发展和个人发展需要的过程。自20世纪60年代中期以来，在教科文组织和其他几个国际组织的倡导与大力推动下，终身学习的概念逐渐被推广开来。1994年在罗马举行了第一届世界终身学习大会，在世界范围内就终身学习达成了广泛共识。

有学习就有教学,与个人终身学习相对应的教育理念是"终身教育"。1965年12月,在巴黎的联合国教科文组织召开的国际成人教育大会上,法国教育家保罗·朗伦德做了关于终身教育的学术演讲。此后,"终身教育"一词正式出现在公众面前。他认为,一个世纪以来,人们的生活在教育和劳动之间的划分是没有科学依据的。教育应该是一个人从摇篮到坟墓连续不间断的过程,因此,应该有整合的教育组织来支持个人的终身学习。短短几年,终身教育这一重要的教育理念就在世界范围内广泛接受并迅速传播,许多国家在构建自己的国民教育体系或国家的教育政策时,都借鉴或基于终身教育的概念,并在此基础上提出了终身教育的基本原则,以建设学习型社会为主要目标。自20世纪以来,终身教育已成为世界上最有影响力的教育概念之一。

尽管人们从未停止过思考和讨论终身教育的概念,但到目前为止,仍然没有统一的明确结论。这一事实不仅反映了这种新的教育理念在世界上的关注和重要性,而且证明了这一理念的理论与实践之间仍然存在差距,尚未形成必要的全面解释和严格科学证明与概念。迄今为止,终身教育中一些具有影响力的概念有如下几种:

其一,保罗·朗伦德对终身教育的解释:终身教育不是指特定的实体,而是指一般的思想或原则,或一系列关注和研究方法。一般来说,它是指一个人一生中个人和社会的整个教育总和。

其二,曾任联合国教科文组织教育研究所专职研究员的R. H. 戴维对终身教育的解释:终身教育是个人或团体为了提高生活水平而经历的人性、社会和职业的过程。这是在生活领域与生活的各个阶段中,以启发和向上为目的,包括所有正规,非正规和非正式学习,包含了一个全面统一的概念。

其三,曾任联合国教科文组织终身教育部部长的E. 捷尔比对终身教育的解释:终身教育应是学校教育与学后教育培训的结合;这不仅是正规教育与非正规教育之间关系的发展,而且是教育政策的核心要素,个人(包括儿童、青年和成人)通过社区活动实现其最好的文化和教育目标。

上述第三种概念观点是来自 E. 捷尔比的看法，相较于前两种观点更权威一些。自 1972 年以来，E. 捷尔比一直担任联合国教科文组织终身教育部长。尽管这三种观点在表达和侧重上有所不同，但它们的思想是相同的：专家们都认为，终身教育包括一个人一生中接受的各种教育的总和。

在这里，我们可以参考国际发展委员会的报告《学会生存》来定义终身教育：终身教育这个概念包括教育的一切方面，包括其中的每一件事情，整体大于部分的总和，世界上没有一个非终身而非割裂开来的永恒的教育部分。换而言之，终身教育并不是一个教育体系，而是建立一个体系的全面的组织所根据的原则，这个原则又是贯穿在这个体系的每个部分的发展过程之中。总之，对终身教育的普遍看法是，它是人们一生接受的各种培训的总和，这意味着它始于人们的生命之始，直到人们生命的尽头，包括人类的教育活动。它不仅包括一个人从婴儿期到老年的不同发展阶段所接受的各种级别和类型的教育，而且包括横向地在学校、家庭和社会的不同领域所接受的教育，其最终目标是维持和改善个人社会生活的质量。

21 世纪国际教育委员会在致联合国教科文组织的报告中说："终身学习是 21 世纪的通行证。"终身学习还指"学会认识，学会做事，学会共存，学会做人"。这些既是 21 世纪教育的四大支柱，也是每个人生活的支柱。对于大学生来说，这四大支柱无疑是通过通识教育获得的。

二、终身学习的背景

1. 新时代社会的快速变化与发展要求人们必须更新其知识和观念，以获取新的适应能力

20 世纪 50 年代末和 60 年代初是技术创新和社会结构发生巨大变化的时期。这种巨大变化不仅体现在经济结构、生产、流通、消费等领域的过程和功能上，而且影响着人们的日常生活方式和普通家庭生活。面对不断变化的职业、家庭和社会生活，人们必须用新的知识、技能和思想武装自己。终身教育强调，一个人在其一生中必须不断接受教育和学习，以便不断地更新知识并保持对变化的适应能力。它的概念完全符合时代、社会和个人的需求。因此，"终身教育"的概念一经提出，便受到了前所未有的重视。

2. 人们对现实生活和自我实现的要求不断提高

第二次世界大战后，随着经济条件的改善，人们逐渐摆脱了食物、衣服、住房和交通的困境。随着电子设备的普及和智能化的发展，人们可以摆脱体力劳动和家务劳动的拖累，现代人也开始拥有更多的空闲时间。随着外部条件的改善，人们开始关注丰富的精神生活，并期望通过个人努力实现自我完善。要实现高水平、高质量的精神追求，依靠一次性的学校教育是很难实现的，只有依靠终身教育的支持才有可能完成。

3. 人们要求对传统学校教育甚至教育制度进行根本性改革，以产生新的教育观念

自建立现代学校教育制度以来，学校在培养和塑造年轻一代方面发挥了不可替代的作用。但是，自20世纪60年代以来，学校教育的矛盾和弊端日益增加。例如，从世界范围来看，儿童逃学、校园暴力、考试竞争加剧、学校竞争引起的差异扩大，以及重视学位而导致学校与社会之间的严重脱节等。在这种情况下，人们普遍希望从根本上改革旧的教育体制。倡导学校教育、家庭教育和社会教育（成人教育）的有机结合，终身教育与开放教育势必受到人们的欢迎。

三、终身教育的特点和意义

1. 特点

（1）全民性

终身教育的普遍性意味着接受终身教育的人们，包括所有人，不论性别、年龄、富人或穷人、种族或性别等。联合国教科文组织的研究人

员达贝提出，终身教育具有民主化的特征，反对教育知识为所谓的精英服务，而具有多种能力的普通人可以平等地获得教育机会。其实，在当今社会，每个人都要学会生存，而学会生存离不开终身教育，因为生存与发展是时代的主流，要生存必须持续不断地学习，这是现代社会向每个人提出的一个新课题。

（2）广泛性

终身教育包括家庭教育、学校教育和社会教育。可以说它涵盖了人类的各个阶段、任何时间、所有场合及所有方面的教育。终身教育拓宽了学习领域，并为整个教育事业注入了新的活力。

（3）灵活性和实用性

现代生活是灵活的，智能时代任何需要学习的人都可以随时随地接受任何形式的教育。学习的时间、地点、内容和方式均由个人决定。人们可以根据自己的特点和需求选择最合适的学习。

2. 意义

终身教育使我们能够克服困难，并解决工作中的新问题，它可以满足我们生存和发展的需求；可以使我们获得更多的发展空间，更好地实现自己的价值；可以丰富我们的精神生活，不断提高生活质量。

学习是人类了解自然和社会，不断完善和发展自己的唯一途径。无论是个人、团体、国家，还是社会，只有不断学习，才能获得新知识，发展能力并与时俱进。中国共产党第十六次全国代表大会的报告中强调：要"形成全民学习、终身学习的学习型社会，促进人的全面发展"。这从深度和广度上对学习提出了新的更高的要求。

终身学习涉及一生的学习，从童年、青春期、青年、中年到老年，学习都会伴随着我们的一生，并影响我们的发展。这是不断变化的客观世界对人们的要求。从人类诞生之日起，学习已成为全人类和每个人的基本活动。没有学习，就无法认识和改造自然，就无法理解和适应社会。没有学习，人类不可能有现在所有的进步。学习的作用不仅限于对某些知识和技能的掌握，学习还使人们更聪明、更文明，使人们高尚而完美，使人们全面发展。基于这种认识，人们始终将学习视为永恒的主题,反复强调学习的重要性,并不断探索科学的学习方法。同时,人们越来越认识到,实践没有止境,学习也没有止境。在当今世界,世界瞬息万变,新情况和新问题不断出现,知识更新的步伐大大加快。如果人们想适应不断变化的客观世界,必须将学习从单纯的求知转变为一种生活方式,努力成为一名终身学习者。

四、世界各国对终身教育的实践

终身教育理论建立以来,受到了各国的广泛关注。各国政府根据终身教育的原则,重组和设计了国家教育体系,试图建立从幼儿园到老年大学,从家庭教育到企业教育的综合性终身教育体系。

1. 制定法律法规

通过立法,许多国家已经将终身教育理论确立为当前和未来教育发展与改革的基本指导思想。例如,最早提出终身教育的保罗·朗伦德所在的法国,其国民议会于1971年制定并通过了相对完善的成人教育法《终身职业教育法》,并于1984年通过了新的《继续职业教育法》,以对某些问题做出补充规定。在美国,联邦教育局设立了终身教育局,并在1976年颁布了《终身学习法》。在亚洲,日本于1988年成立了终身学习局,并于1990年颁布并实施了《终身学习振兴准备法》。韩国在20世纪80年代初将终身教育写入宪法,并开始实施终身教育政策。德国、瑞典和加拿大等国也制定了有关终身教育的相应法律。

2. 纳入成人教育

1976年,联合国教科文组织大会第十九届会议通过了《发展成人教育的建议》,其中指出,成人教育是终身教育总体方案的一部分;教育绝不仅限于上学阶段,而应扩展到生活的各个方面,技能和知识的各个领域。在这种终身教育观念的影响下,各国政府将成人教育作为促进终身教育进程的先行者,高度重视成人教育,并通过制定法律保障成人教育的发展。1976年,挪威通过了世界上第一部成人教育法,该法律将成人教育视为终身学习系统的基础,并促进了成人教育各个领域之间的协调与合作。1982年，韩国颁布了《社会（成人）教育法》，提出了社会（成人）教育的制度化。德国1973年开始将成人教育列为第四种教育，与普通教育的初等、中等和高等教育一起。为了保证成人教育的实施，许多国家采取了很多有效措施，例如关于录取条件的灵活政策、带薪教育假制度、经济援助、提供成人学分累积课程等。

3. 向社会开放

改变学校的封闭结构，形成开放灵活的教育结构，是各国实施终身教育的重要实践。1995年，日本召集了一个由各界知名人士组成的"终身学习审查委员会"，这要求高等教育机构向社会敞开大门，并广泛招募在职成年人到高等教育机构学习。日本的成人大学被纳入大学计划，并且一些高中开设了公开讲座，以使高中向社会开放，并充当学校的文化中心。20世纪60年代以后，在美国以分区发展为目标的社会大学得到了很大发展，它们对成年人的开放程度达到了几乎没有限制的地步。许多大学都设立了开放大学系来开展针对"非传统学生"的教育活动。英国设有开放大学和大学的成人教育部，以提供成人教育。在许多国家，大学通过公开讲座、成人教育中心、函授课程等为人们提供继续教育的机会。

4. 开发各种渠道

许多国家有意识地将文化组织、社区组织、职业协会及企业和公共机构纳入了终身教育体系，并充分利用具有教育能力和价值的各种资源与设施来整合教育社会。1988年，日本提出了"向终身教育体系过渡"的建议，发展社会教育团体，建立学习信息网络，建立将家庭、社会和学校教育相结合的终身教育体系，并整合各种科学与文化设施，例如文化厅、图书馆、博物馆和活动中心等纳入教育范围。美国监狱、工会、军队、医院和许多其他非教育机构也积极参与成人教育。许多公司还为员工提供定期培训。

尽管很多国家在终身教育领域取得了一些成就，但总体而言，世界各国仍在终身教育的实践阶段，没有一个国家真正建立起完整的终身教育体系。

各国的终身教育实践为我们带来了以下启示。

1. 树立终身教育思想

终身教育是对知识更新和知识创新的教育。终身教育的主要思想是,每个人都必须有能力利用生活中的各种机会来更新、加深和进一步丰富其最初获得的知识,以使自己适应迅速发展的社会。对于从事教育工作的教师来说,必须具备自我发展、自我完善的能力,不断提高自身素质,不断接受新知识和新技术,不断更新自己的教育观念、专业知识和能力结构,以使自己的能力得到提高。教师还要保持对教育变革和最新趋势的敏锐感知,持续更新和提高自己的教育理念、知识体系和教学方法,以适应时代的变化。终身学习的能力,不仅是社会发展的要求,也是对教师职业角色的要求。想象一下,如果一个教师的想法和知识结构自始至终都没有改变,那么他如何培养满足社会需求的人才?因此,首先要重视对教师的培训,而且教师自身也需要正确的态度,不断学习,更新知识体系,全面培养自己的教育能力。

2. 让学生学会学习

中小学教育应使学生全面掌握学习方法,树立终身学习的观念。普通中小学教育是国家教育的基础,其中包括终身教育的基础。对于一个国家和民族来说,教育就是未来。过去,人们将教育分为正规教育和非正规教育,普通教育和成人教育,他们认为终身教育只是非正规教育或成人教育的任务。这是一个很大的认识误区。终身教育是一种教育思想,体现这一思想的教育体系就是终身教育体系。它涵盖了一个人的一生,包括一个人从婴儿期到老年的不同发展阶段所接受的各种水平和类型的教育。普通教育不仅为终身学习奠定了基础,而且承担着继续教育的任务。

3. 培养学习习惯

(1) 主动的学习习惯

主动学习是指学习是一种发自内心并反映个人需求的活动。与之相反的是被动学习,它把学习视为一种外来的被迫接受的活动。

主动学习的习惯，本质上是将学习视为自己的迫切需要和愿望，不懈地进行自主学习、自我评价和自我监督，并在必要时进行适当的自我调节，以达到更高的目标，使得学习效率更高，效果更好。

具体来说，主动学习的习惯主要体现在如下六个方面。

第一，将学习视为自己的事业。这主要体现在学习的每一个细节的处理上，尽可能不需要别人提醒，做好自我管理。当然，并非每个人都是天生的主动学习者，因此，养成积极学习的习惯，有时需要有人提醒和帮助。

第二，对学习有非常强烈的需求，只要有一点时间就会花在学习上。鲁迅说，他只是把别人喝咖啡的时间花在看书上。实际上，如果一个人养成积极学习的习惯，他将永远不会抱怨缺乏时间，因为无论何时何地，倘若一个人首先想到的就是学习，那么每个零散的时间都可以利用起来。

第三，及时有效地对学习进行评估。一个人在学习过程中，不仅学习水平在不断变化，他的兴趣爱好也在不断变化。评估和检查这些方面不仅有助于确保学习的速度和质量，而且更重要的是，可以确保正确的学习方向。

第四，积极调整学习行为，以适应不同的环境和需求。我们周围的环境不由自己决定。当一个人总是抱怨周围的环境有多不公平时，十有八九，他的注意力已经从学习本身中脱离了，而他的能力会因抱怨而日渐消耗。适应不同的环境不仅是积极学习的一种表达，而且是锻炼各种能力和丰富人格力量的机会。

第五，面对困难，坚持不懈。大多数人的学习不会一帆风顺，遇到困难仍然能坚持下去，这是主动学习的重要内容。

第六，要正确对待他人的帮助。学生经常抱怨自己的成绩很差，是因为他们的父母对他们的帮助不足，或是老师对他们的帮助不足。实际上，如果我们仔细观察，就会发现，学习越好的学生，越有思想的人，对他人直接帮助的需求就越少，他们就越会沉浸在自己的学习中。他人的帮助对他们来说主要是提供不同的信息并扩大视野。

培养要点：

第一，要养成主动学习的习惯。首先必须养成主动学习的需要。只有在形成这种需求时，我们才能主动寻找并找到感兴趣的学习资源，并克服学习中遇到的各种困难。

第二，把学习作为自己的事情。独立、认真、扎实地完成学习中应该做的所有事情，并解决遇到的每个问题。

第三，学会评估。自我评估是每个主动学习者必须掌握的基本步骤之一。只有进行正确的自我评估，我们才能弄清自己的学习状况，并且知道自己的优缺点。这不仅有利于自身优势的发展，而且有利于自身弱点的改善。

另外，应该有不屈的勇气。世界上聪明的人非常多，但是成功的人非常少，并不是因为大多数人在智力上逊色，而是没有勇气面对反复出现的挫折。

（2）不断探索

在未知领域拥有良好的求知欲和不断的探索习惯，才能激发主动学习的动力和效率，以各种方式寻求答案和解决问题。正如今年诺贝尔化学奖得主，法国科学家纽埃乐·沙尔庞捷，在诺贝尔颁奖典礼上说的，"好奇心、求知欲和理解力一直是我生命里强大的驱动力"。

培养要点：

不断探索的习惯始于个人周围的某些事物和现象及接触到的观点和对观点的浓厚兴趣。如果周围没有任何物体或现象引起你的兴趣，不能触动你，那么就无法产生真正的探索。探索首先来自兴趣。当然除了兴趣外，最好具有一定的物质条件和准备，例如相应的场所和工具，对于实验科学，最好有一个实验室和相关的实验器材。

养成不断探索的习惯，还需要不断丰富自己的信息资源。信息资源包括人的资源和知识资源。在人的资源方面，遇到一个可以发掘自己潜力的人可以使自己更快走上成功之路。养成不断探索的习惯，并对新事物持开放态度。

（3）自我更新的习惯

自我更新意味着从发展和改进的角度不断丰富自己的知识、提高理解能力，而不是坚持已经掌握的知识和能力。

自我更新需要对自己已经掌握的知识和已经具备的能力不断地进行思考、质疑和发展。我们可以看到这种现象：几乎所有的科学发展在最初的阶段似乎都有点天真，许多想法甚至可笑。但是正是这种天真和不懈的思考，逐渐建立了严谨的科学体系。对于特定的某个人来说，他的知识和能力在更高水平的人眼中，通常也是幼稚或初级的，但所有的大师也都从幼稚成长而来。自我更新的前提是知道一个人自身认知存在发展的空间。

个体发展和人类整体发展在认知发展中遵循完全相同的规则。因此，知识越渊博的人，他们变得越谦虚——因为他们知道世界上有很多他们所不了解的；相反，知识贫乏的人对自己的一知半解感到骄傲，并且似乎觉得自己无所不知，因为他不知道的远比他知道的要多得多。

自我更新始于动力。没有发展动力的人，即使拥有良好的天分和才能，拥有优越的条件，也可能无法获得良好的发展。生活条件良好的人不一定能够发现自己条件的优越性；相反，他们更有可能找不到在有利环境中追求的动力和目标。

自我更新也需要广泛地探索。要始终保持自我更新的激情，而不为荣誉所累。

培养要点：

第一，请保持开放的态度。有些人习惯于说"不"，并且总是拒绝了解新信息。诚然，社会上有很多新信息、新事物非常肤浅，需要仔细辨别，但是如果习惯于排除新信息新事物，对自己知之甚少的领域也轻易地拒绝，这样就是在封闭自己的思想。开放的思想意味着对所有新信息和新事物保持开放与积极的思考，对其中的糟粕予以强烈反驳和批评；对先进和高价值的内容，应该充分、深刻地理解，并且进一步学习和应用。

一个国家和一个民族的发展必须有创新，个人的发展也是如此。随着科学技术的发展，人们的认知视野将越来越广泛，面对无止境的新事物，没有必要盲目拒绝它们，拥有一个开放的心态去吸收精华并抛弃糟粕是明智且必需的。

第二，发展对新事物和新现象的敏感性。对新事物之间的差异保持敏锐的感知对自我更新很重要。

第三，善于反思。学会使用一套方法来反思自己的行为得失，自己的思想水平和状态水平，对于个人的自我更新具有重要意义。在反思的过程中，我们应该对自己的偏见持客观和批判的态度，而不是敝帚自珍，抱残守缺，无视别人的意见和评论。

第四，要谦虚。谦虚也是自我更新的重要素质。

第五，必须明白自己需要学习哪些知识。

需要学习什么才能实现人生愿景？如果人的一生是一所终身大学，那么它应该有什么样的课程体系？如果问题太复杂，则可以将其变成一个更具体的问题：在接下来的10年、20年，甚至更长的时间内，个人需要学习和加深哪些知识？

要获得更准确的答案，我们可以尝试从两个方向进行探索。一个方向就是未来。在个人的人生愿景中寻找线索。例如，笔者的人生愿景是："我度过了丰富的一生，创造了价值，并获得了内心的平静。"它包含三个关键词：丰富、价值和平静。丰富意味着经历。价值，是创造具有长期价值（20年或以上）的教育课程。对笔者自己而言，宁静意味着对自己和世界的了解。通过这种分解并将其与自己当前的知识积累水平进行比较，笔者发现了一些需要长期学习的知识主题：思维、情感、关系、群体、创造、设计、教育……

另一个方向是过去。采用逆向思维思考：在过去的人生当中，有哪些是自己应该了解掌握，但是错过的重要知识？

经过这样的探索和思考，来梳理一些值得长期学习的知识主题，大致可以分为两类。

一类是核心知识，即无论个性、爱好或职业如何，都值得学习和加深的知识。它代表一个人的成熟和完整性，就如同是大学必修课。这些核心知识包括关于自我的知识、关于思维的知识、关于世界的知识。

另一种是个性化的知识,可以显示我们独特的个性、爱好和专业技能的知识。例如,有些人天生勇敢,有些人想增强审美欣赏,有些人想研究设计。它们代表了每个人的独特性。

核心知识和个性化知识构成了终身学习的"课程系统"。与四年制大学不同,终身学习的课程是不断发展的,从少数核心知识主题开始,随着终身学习者的成长和身份变化,"发现"并增加更多的知识主题。

当个人从学校的普通教育走向社会开始工作的时候,或者应该在这之前,就为自己设计一张知识图谱。这张图谱表示个人知识结构的发展要求。它包含一些核心知识,例如自我、思维、行动等,以及一些与工作相关的个性化知识,例如元认知、设计、敏捷开发、可视化等。

应定期完成对图谱上某个主题的快速入门,然后进一步研究现有知识主题,并根据个人和专业需求扩展新知识主题。

这是终身学习过程的缩影。以地图的形式把将来要学习的主要知识主题呈现出来,这是我们不断发展的知识王国。终身学习在不断发展和深化,包含扩展和加深两个主要方向。扩展:根据个人成长和职业发展需要开发更多新知识主题;加深:从入门到理解,从理解到实践,从实践到反思,到生成个人知识系统,与其他知识主题建立更紧密的联系。

传统教育易导致一些不良的学习习惯,例如人们过多地关注知识的内容,而很少关注知识之间的关系。结果,人们获得了很多琐碎的信息,却失去了知识的全部。知识图谱恢复了人们的思想体系,并清楚地表明构建体系比学习特定内容更为重要。当头脑中清晰地呈现出这样一张大图时,人们可以终止对自身知识的忧虑,并主动减少对琐碎知识的获取,从而使个人可以对未来的学习方向和学习路径有更清晰的了解,投入更多的时间和精力到那些真正重要的学习当中。

(4)把学到的东西付诸实践的习惯

笔者听到学生抱怨他们在学校学到的东西毫无用处的情况并不少见。事实真的是这样吗?如果只会学习而不会应用,那么学到的东西当然没有用。在我国现阶段的学校教学中,可能由于各种原因,如一些教师并不经常引导学生将课堂上学到的知识和生活联系并实践,也很少给学生一些和生活紧密联系的课题，但是，这并不意味着知识本身是无用的。

知识源自整个人类生产和生活实践，并在实际问题的解决过程中不断发展和完善。因此，知识必然是有用的。之所以会存在所学知识无用的想法，一方面原因是，教师对知识的应用没有足够的指导，另一方面，学生也没有付出太多努力来探索知识的可用性。当然，这并不是要指责学生不努力。在当前的教育体制下，学生以完成学业和顺利通过呆板的考试考核为目标，也是他们无法将所学知识付诸实践的原因。与其找出原因，不如将讨论的重点转移到如何运用所学知识上。在这一点上，职业教育强调知识点服务于岗位技能的理念，有其先进性，但是绝非"一技之长"所能涵盖知识的应用。

一方面，"学以致用"的实质在于将间接经验和知识还原为生活需要的知识。这种还原的过程需要一双敏锐的眼睛和善于思考的头脑。从而能够观察到现实生活中的现象并不断发现隐藏在现象背后的原因及规律。

另一方面，"学以致用"的实质在于亲自实践。理论上可行的方法在实践中可能比看起来复杂得多。纸上谈兵是远远不够的，亲自动手，比简单的"纸上谈兵"要更加具体，更全面，也更直观。尤其对于技术性的工作，最适合的往往不是具备高学历的人，而是富有操作经验和能力，同时善于思考的人。对于高职教育来说，培养学生善于思考的习惯，需重点关注。

在运用所学知识的过程中，人们可以充分发掘自己的潜力。许多人对自己没有信心，以为不能做到这一点，或者肯定什么也做不了。但有一个问题：自己是否尝试过？你是轻易放弃还是一直努力尝试？有些问题看似复杂，但是当我们实际执行时就会发现它们并不是太困难。对于真正复杂的问题，不可能一蹴而就，如果浅尝辄止，只会使其增强失败感，甚至丧失信心。因此，做更多尝试和努力，就会发现其实可以做的很多；越少做事将会发现会做的越来越少。

培养要点：

首先，若要养成"学以致用"的习惯，必须经常观察和思考。观察和反思是所有智慧的源泉。现象和规律是客观存在的,就像太多的人看过苹果树落下苹果,但是只有牛顿发现了万有引力定律,这就是观察和思考的结果。可以说,几乎所有的发现都来自仔细地观察和思考。

其次,学会"实践"。"实践"是这一习惯的核心,要不断地尝试和检验自己的想法,必须亲自动手实践,实践也能帮助我们进一步深入思考和更新对事物的认知。

(5)优化知识的习惯

在知识社会中,信息十分庞杂,会"游泳"的人可以畅游其中,不会"游泳"的人则在浩如烟海的信息和知识中沉溺而亡。"游泳"就是指管理知识和处理信息的本领。

可以肯定地说,今天的社会重要的学习能力之一是学习如何管理知识和处理信息。具体来说,在信息化和智能化的时代一个人不必记住所有内容,但是要知道在哪里可以找到所需的信息并快速找到它。

科学管理知识和处理信息,首先要学会反思。孔子之所以成为千古圣人,要归功于"一日三省吾身"。中国改革开放的巨大成就,是得益于对历史和现实的反思。人们渴望和平与发展,并日益重视环境保护,也得益于对历史和现实的反思。反思是人类最重要的特征之一。教育家陶行知要求所有学生每天养成自省的习惯。用他的话来说,每天要问自己四个问题。第一问:你的身体有没有进步?第二问:你的学习取得了什么进步?第三问:你的工作进步如何?第四问:你在道德方面有没有进步?在这当中,我们应该做到"五个字",第一个字是"一",专一的"一";第二个字是"集",收集的"集";第三个字是"专",专注的"专";第四个字是"剖",剖析的"剖";第五个字是"韧",坚韧的"韧"。陶行知总结的"四问"和"五字",是需要每天反思的内容和方法。

其次,在了解的基础上,学会有效地使用计算机和网络,同时避免对计算机和网络的不良使用。如果不使用计算机和互联网,学习管理知识和处理信息几乎是不可能的。计算机具有许多功能,例如打游戏、绘图、统计、阅读电子出版物、看电影或卡通漫画、听音乐等。当我们的计算机连接到全球无数台计算机时,它给人们的学习、工作和生活带来全新的方式。

培养要点:

反思是培养科学管理知识和信息处理习惯的重中之重,那么如何反思呢?

首先,要多想。完成作业后,如果自己犯了一个错误或写错了答案不要急着向老师、父母或同学寻求正确的答案,而应该自己先想一想。因为学习是一个思考的过程,而思考是他人无法替代的。

其次,多复习。学习是一个使书变薄和变厚的过程,也就是说,在读一本厚书或学习一堂课之后,经过复习会掌握最重要的原理和概念,这就是从厚到薄。理解了重点内容,再将其联想、延伸、升华,重要的概念将变得丰富和贴合实际,并又成为一本厚实的书。但是,这不再是原来学习的书籍,而变为学习者自己拥有的知识和应用能力。

再次,多动笔。俗话说,好记性不如烂笔头。由于写作往往比语言更深刻,更理性,更严格,因此,写作也成为反思的基本方法之一。例如,应该记日记,写读书笔记等,这对个人的成长具有特殊意义。

青少年的成长过程是自我意识发展的过程,是个人与社会互动的过程,必然伴随着风风雨雨,这些都需要逐一体会和思考。而这些都可以通过日记来实现成长过程的记录。因此,日记可以成为一个人最亲密和忠诚的朋友,是个人反思自己成长的最佳伴侣。

最后,有效利用互联网。中国社会科学院大众传媒与青年发展中心主任卜卫认为,互联网至少有五大功能:第一,帮助我们学习使用信息资源的技能;第二,为我们建立一个环球交流网;第三,增加青少年接触世界的途径;第四,学会勇敢地表达自己;第五,增加与父母、朋友的交流。计算机和互联网具有如此巨大的作用和影响,那么如何健康有效地使用互联网呢?对于大学生来说,网络已经成为校园生活中离不开的资源,阅读图书馆的电子资源,在线阅读电子书籍,网络结交朋友和与亲人交流,与同学朋友亲人分享和交流自己的生活与学习,网络搜索工作机会,网络购物和网络娱乐等,几乎生活的每时每刻都离不开网络。对于高职学生来说,如何控制网络使用时间和避免网络不良信息的干扰,如何在学习中遵循健康使用网络的规则,依旧是高职院校教师需要研讨的深刻课题。

培养自己终身学习的能力总结:

第一,主动获取知识。

第二,认清和梳理自己的知识结构。

第三,学会之后需要使用和实践。

第四,自我检查和反馈。

第五,善于利用计算机和互联网。

五、高职学校的老师可以为培养学生的终身学习能力做些什么?

(一)建立导师制

对于教师担任导师,人们一般会把"导师"这一身份认为专属于培养研究生的高等学校和研究机构。伴随着多元文化的碰撞发展,"导师"渐渐被应用在校园多个领域,比如娱乐选秀的评委导师、大学辩论社团的学长导师、"传帮带"师徒关系发展而来的企业导师等。无论在何领域被称为"导师",都是被当作该领域智慧与道德的传播者。

部分高职院校在现代导师制流行的背景下,已开始推广导师制,服务于学生管理,充分发挥教师在课堂之外的"导学"作用。

(1)导师制是大学优秀教育制度的精华

导师制起源于英国的本科教育,14世纪英国牛津大学首创采用导师制的教学管理模式。牛津大学本科教育保持全球公认的卓越教学质量的关键所在一定有导师制的汗马功劳,导师制被称为"牛津皇冠上的宝石"。之后导师制也发展成为以牛津大学和剑桥大学为代表的英国本科教育的传统,其核心思想是:给予学生一对一的学术指导,在自由、严谨、和谐的学术氛围中,导师们令人钦佩的学术水平与伟大的品德修养给予了学生终身影响。从选拔本科生开始,剑桥大学和牛津大学就把这种优秀的导师制的教育制度体现得淋漓尽致。所有申报剑桥大学和牛津大学本科教育的高中毕业生,都必须接受大学导师的面试,而且是极其学术性的面试。给予学生面试的导师往往是学生所申请专业的教学负责人,导师直接有权力决定学生的录取结果(此点与研究生录取较相似),而被录取的本科学生入学之后的学业也由导师总体负责。在面试过程中,多名教授根据学生的兴趣和知识储备提出量身设计的学科问题,和学生进行学术探讨,引导学生渐渐深入地进行解答,从而判断学生是否真的适合所申请学科的本科学习。可见,导师在学生入学之前就已经充分了解了学生,深度了解学生的学术兴趣和学术潜力,才能真正地实现"导学"。在本科学习过程中,由了解学生的导师一直负责学生学业到本科毕业,由此形成了完美的学术督导的闭环。在剑桥大学和牛津大学这样的顶级学府中,导师每周都预留足够的时间与学生进行一对一的面对面的交流探讨。

如此全面而精致化地培养学生,大学的教育质量自然能够得到全球认可。两所大学充分重视和培养每一个学生,对每一个学生都真正地进行个性化教育和因材施教,所以能够培养出全球顶尖人才也就不难理解了。欧美国家都极其重视本科生教育,往往对本科生实施的导师制比对于研究生实施的导师制更加细致和全面,例如美国顶尖大学拥有极其完善的导师教育机制,为本科生配备多名导师,学生在学习和生活的任何方面无论遇到何种困惑,都可以随时得到导师一对一的解惑指导。

导师制条件下,学生与教师的关系非常密切。导师不仅是学生学习的"导学者",而且是学生思想和品格的影响者。我国高等教育在研究生教育体系中,较早地实施了导师制的教育制度,而在本科生的教育体系中引入导师制,只是近几年兴起的教育管理模式,以求大学在研究生教育之外,更好地贯彻"全人、全过程、全方位"的现代教育理念,更好地适应时代对培养高素质人才的培养目标的要求。通过师生之间建立"导学"关系,导师对学生因材施教,全面指导学生的学习、生活和职业规划。导师制背景下,所有教师都加入关注学生从入学到毕业的整个受教育过程,全程参与学生的学习、思想、生活等教育环节,从而对学生形成整体性、一致性的教育管理。

(2) 高等职业教育有必要实行导师制

人们一般会认为高等教育中的"导师制"是大学精英教育的模式,觉得高等职业教育与导师制的关联度较低。而事实上,从上述导师制的教育本质分析,我们可以看出导师制倡导"一对一"的师生交流方式,教师指导学生的学习、生活和思想等各方面,对于高职学生来说这显然是非常需要的充分被关注式的教育模式。2014年,国家提出通过现代学徒制大力发展现代职业教育,在2014年2月的国务院常务会议上李克强总理提出"开展校企联合招生、联合培养的现代学徒制试点",2014年8月,教育部印发《关于开展现代学徒制试点工作的意见》,说明现代学徒制"旨在深化产教融合、校企合作,进一步完善校企合作育人机制,创新技术技能人才培养模式"。学徒制中的理念内容其实与导师制是相互融通的。

学徒制是国际先进的现代职业教育的主导模式,而职业教育非常发达的德国则把学徒制称作"双元制"。现代学徒制需要学校与企业的深度合作,学校导师和企业导师共同育人,实现培养技术技能人才的目标。面对未来人才发展的趋势,高等职业教育培育的学生是融知识与技能为一体的技术创新型的高素质技术技能人才。那么学校导师和企业导师合作育人显然比传统意义上的技能训练教师和技能指导师傅的同步技能传授和训练要更加具有深远的意义。

第一,高职学生需要技能之外的人文素养和职业精神。职业教育在既往多年的发展中,过度强调"技能",留在职业教育工作者和高职学生记忆深处的关于教育的重点也是"技能"一词,学生在校期间的人文素养课程也往往都让步于专业课程和技能实训课程,使得人文素养课程门类较少或者不被重视和缺乏科学管理而导致课程体系杂乱,同时学生对于人文素养课程的不重视也可能使这类课程的实际学习效果较"水"。这种现象产生的后患则是:对学生的人格塑造和培养不足;学生的知识储备较贫乏终身学习能力欠缺;看人看事的眼界不够高远;随着科技的飞速发展，拥有的技能不再具有优势的时候，职业发展前景较迷茫；隐性职业素养不足导致职业精神缺失。

20岁左右的学生是人生发展阶段中价值观逐渐成熟的关键时期，如果视野里只有技能学习，那么很难形成完善的价值观，这是与社会人员参加职业培训需要关注的显著不同点。如果缺失了理想的品格，未来的职业发展必然阻力重重。所以高职教育在充分体现"职业"特点的同时，不能忽视对学生进行人文素养的熏陶。人文素养决定一个人的隐性职业素养，包括职业态度和职业精神，需要长期的通识课程教育和教师的言传身教。那么，既能够给予学生知识和技能，同时又非常了解学生的教师则成为培育学生人文素养的宝贵教育资源。导师制则是从学生一入学起便建立零距离的一对一的师生关系，注重对每一个学生个体的关注、熟知和引导，承担导师的高职学校教师就是课堂内传授知识的师者，课堂外是学生人生的"引路人"；企业导师则用自己的创新技术、高技能、职业态度和职业精神影响着学生。

第二，高职学生需要比本科生更多的情感关怀。本科学校已经在推广导师制，让导师这一高雅的身份由研究生教育渗透到本科教育。笔者认为，高职学生从某种意义上说比本科生更加需要"导师"。中国的高等职业教育到目前为止主要的生源还是高考分流下来的学生，学生的学识基础和学习能力相对较弱，而这种"弱势"产生的原因往往与学生既往能够享受到的教育资源不足或者家庭在孩子的学习习惯、情感沟通等方面的深度关爱不够存在关联。学生在中小学成长阶段得到的深度关怀越少，在大学期间需要的情感关怀则越多，因为大学一般来说已经是多数学生在成熟之前得到的最后的学校教育机会。因此，高职学生从一入校，就有一位导师关注个体，陪伴他（她）的学习生活，给予深度导学和关爱，无疑对优化学生的学习习惯、培养健康的心智和人格是十分有利的。

（3）高职学校导师制的实践体会

每一位承担专业教学任务的教师都应该成为学生终身学习的导师，全面指导学生的课程选择和学术管理、心理健康辅导、职业规划、创新创业能力指导、人际沟通能力指导等，真正成为学生学习生活中的良师益友。笔者所在的高职院校已经于2019年开始采用导师制的育人方式，取消班主任工作，取而代之的是导师上任。每一位专业教师都承担着导师任务，任务内容远远丰富于过去的班主任工作，既与辅导员工作区分开又与之相辅相成。

刚开始推行导师制时，教师们内心是挣扎的，因为工作内容复杂，工作量加大，责任也更大。但是实施一年下来看效果，还是很有收获的。过去的班主任工作与辅导员工作相当于纵向的两级管理，如今的导师制是取消层级，横向铺设开来，辅导员管理学生的纪律规范、思想政治学习等思想动态和行为准则，导师是管理学生的学术、成长、成才。过去是一位教师负责一个班级，有多少个班级就需要多少位教师担任班主任，导师制则是每位教师都担任30~40个学生的导师，人人都有责。学校也给予了一定的政策鼓励，比如给予导师指导费用等奖励。过去学生多以自己所在班级为单位进行活动交流，如今导师带领的学生分布在本专业的所有班级里，从一年级到三年级，从而导师就在这些学生中间建立一个小型的社区，社区成员比班级成员来源更加广泛，更加具有互补互助和包容的优秀品质。过去新生希望结识老生获得校园生活的经验，往往需要通过学生会和社团的组织活动去认识，而性格内向的学生参加的活动少，则与高年级同学交流的机会就少。现在在导师的带领下，这些问题都不再是问题。另外，由于导师一般是具有丰富教育教学经验的专职教师，对学生的学业状况比较熟悉，因而可以采用富有针对性的有效育人方法，提升学生的素质，开阔学生的视野，让学生学会学习，拥有终身学习的能力和未来职业可持续发展的能力。

学生三年的高职学习期间几乎一切问题都可以与导师沟通，从导师这里寻求到帮助，所以学生在情感体验上有被重视的价值感，有较多的机会与导师进行近距离的一对一的交流，潜移默化地受到导师的言传身教影响。

笔者担任2017级市场营销专业学生的导师半年，以及担任2019级和2018级市场营销专业学生的导师一年来，做了很多提升学生综合素养的研究和尝试,在此略举几个方面。

1. 阅读阅美系列活动

要求学生每月阅读一本名著,欣赏名家名著中的文学之美,提升自己的文学鉴赏能力,感受"书中自有颜如玉"的气质美化效果。笔者选择系列名著书单,由学生自己挑选书目,每月大家共同完成同一本名著的阅读。读一本好书,就如同交一个知心好友,由初次相识到渐渐了解再发展为知己,这是一个幸福的认知过程。完成阅读后,让同学之间进行分享。由于笔者指导的学生在40位左右,同时分享难以兼顾每一位学生,所以为了让每位学生都不能"划水",笔者会安排不同的时间段分批进行线上会议分享,每一批参与分享的同学在10人左右。通过渐进式的阅读活动,同学们"阅美"的能力渐渐提高,在分享阅读体会时笔者可以明显感觉到学生的意境带入感,阅读"美",感知"美",爱上"美",成为"美"。

2. 培养思辨能力

培养学生的思辨能力比传授学生固有的知识更加重要,知识可以学到,思辨能力只有自己才能创造。为了让学生学会独立思考问题,学会辩证地看待他人的观点,笔者每学期选择两篇"知网"期刊上的有关市场营销学理论的学术论文,让学生仔细阅读,阅读之后撰写"读后感"。每一篇读后感里都需要清晰表达自己对文中观点的支持或反对,并且写出支持的理由或批驳的依据,最后需做出总结性的观点称述。

由于指导学生进行毕业论文的撰写,是令每一位指导老师"头疼"的难题,而且大有一年更比一年难的态势。究其原因也较复杂:学生本身就惧怕写作,三年级之前没有撰写学术文章的培训,不知道学术文章的规范,没有阅读过学术文章,临毕业前夕都在忙于转本或实习而无暇再来学习论文撰写,等等。有鉴于此,笔者采用从通识教育的视角,把我们市场营销专业的知识和毕业论文撰写的技能融为一体的"品读+读后感"的方式,在培养学生思辨能力的同时,把毕业论文撰写的基础能力得以实践。

品读大学老师公开发表的学术论文,既是阅读学习,也是理解学术论文的规范;而撰写读后感则是学会独立思考学术观点,有勇气质疑,有能力表述。人才与"工具人"的本质区别不就在于是否具有思辨能力吗?

3. 老带新传帮带

由于导师所带学生横跨三个年级,不同年级的学生对校园文化生活的体验经验都不同,互相分享就是提高自己的经验价值。因此,在加强导师和学生之间的互动交流之外,还可以让不同年级的学生加强交流和互相帮助。笔者每个学期安排三次跨年级交流活动,老生在分享自己既往的学习生活经验的过程中,也是对自己过去的思考和总结,有利于思考怎样对未来更合理地规划;新生在分享自己的体会时,会把自己的憧憬和热情传递给老生,同时在请教老生一些问题时,也会让高年级学生产生价值感。这种传帮带是可以让每一位学生都参与和享受的校园文化传承活动。

4. 职业素养系列讲座

笔者定期给学生进行社交礼仪与沟通技巧的知识传授和训练。笔者长期致力于在营销专业的学生中推广礼仪、沟通和谈判的通识教育,一直跟学生强调上述三项知识和技能一定是伴随他们一生的财富,不论未来在何种岗位上就职。理由如下。

(1) 礼仪

孔子在《论语》中说:"不学礼,无以立。"说明一个人只有学习礼仪,才可使其思想感情潜移默化,形成高尚的道德品质,才能在社会上立足。

礼仪是人们在长期的生活中约定俗成的行为规范,它伴随着人类文明的产生而产生,随着人类文明的发展而发展。礼仪是人类文明和进步的重要标志,它体现了时代的风格与道德文化,有着极其丰富的内涵。

其一,从个人修养的角度来看,礼仪可以说是一个人的内在修养和素质的外在表现,也就是说素质体现于对礼仪的认知和应用。

其二,从道德的角度来看,礼仪可以被界定为为人处世的行为规范或标准做法、行为准则。

其三,从交际的角度来看,礼仪可以说是人际交往中适用的一种交际方式或交际方法,也可以说是一种艺术。

其四,从民俗的角度来看,礼仪既可以说是人际交往中必须遵守的律己敬人的习惯形式,也可以说是人际交往中约定俗成的对人尊重、友好的习惯做法。简而言之,礼仪是待人接物的一种惯例。

其五,从传播的角度来看,礼仪可以说是一种在人际交往中进行相互沟通的技巧。

其六,从审美的角度来看,礼仪可以说是一种形式美,它是人的心灵美的必然的外化。

孔子认为,礼仪是一个人修身、养性、持家、立业、治国、平天下的基础。即礼仪是普通人修身养性、持家立业的基础,是一个领导者治理好国家、管理好企业的基础。"人无礼则不生,事无礼则不成,国无礼则不守。"作为指导人们言行举止规范的礼仪,已逐渐受到社会各界的普遍重视,因为它有着非常重要的作用,既有利于个人,也有利于社会。因此,要学礼用礼,以礼待人。礼仪的作用主要表现在以下几个方面。

第一,有利于提高人们的自身修养。在人际交往中,礼仪是衡量一个人文明程度的准绳,它不仅反映了一个人的交际能力,而且反映了一个人的气质风度、道德修养和精神风貌。因此,在这个意义上,礼仪可以说就是教养。通过一个人对礼仪运用的程度,可以了解一个人教养的好坏、文明的程度和道德水平的高低。因此,学习和运用礼仪,有利于从仪表仪容、举止谈吐等方面更好地塑造个人形象,提高个人的修养。

第二,有利于改善人们的人际关系。在日常生活和工作中,礼仪能够调节人际关系,从一定意义上说,礼仪是人际关系和谐发展的调节器。在现代生活中,人们的相互关系比较复杂,礼仪有利于使冲突各方保持冷静,缓和并避免不必要的矛盾与冲突。人们在交往时按礼仪规范去做,有利于人们之间互相尊重,建立友好合作的关系。

曹雪芹云:"世事洞明皆学问,人情练达即文章。"这句话其实就是讲人际交往的重要性。运用礼仪,除了可以使个人在交际活动中充满自

第五章 高职通识教育实施的途径

信、胸有成竹外,还能够帮助人们规范彼此的交际行为,更好地向他人表达自己的尊重、友好与敬意,增进大家彼此之间的了解与信任。如果人们都能够自觉主动地遵守礼仪规范,按照礼仪规范约束自己,就能建立互相尊重、彼此信任的关系,更好地取得交际的成功,造就和谐、完美的人际关系。

第三,有利于提高整体形象。人是社会中的个体,个人的教养反映其素质,而素质又体现于生活中的每一个细节。一个人、一个集体、一个国家的礼仪水准如何,往往反映着这个人、这个集体、这个国家的文明程度和整体素质。随着社会的发展,企业能否在激烈的竞争中保持优势地位,能否不断地发展壮大,最重要的因素是如何树立和保持良好的企业形象。其中员工的素质是影响企业形象的主要因素,每一个员工的礼仪修养无疑会起着十分重要的作用,人们往往从某一个职工、某一件小事情上来衡量一个企业的可信度和管理水平。

实现中华民族的伟大复兴,必须对全社会,尤其是在校学生进行普礼教育。这是国家的号召,所有学校也都在践行着普礼教育,密切联系学生的导师需在这一教育中身体力行。

(2)沟通

沟通能力是指通过语言和非语言符号与他人传递思想感情和信息的能力,沟通可以增进人与人之间相互的理解和信任,良好的沟通能力是建立人际关系的关键。美国著名的普林斯顿大学对一万份人事档案进行分析的结果显示:智慧、专业技术、经验一共只占成功的25%,其余的75%决定于良好的人际关系,而良好的人际关系的获得主要取决于人与人之间顺畅的沟通。沟通能力是现代社会发展对高素质人才的客观需要,是当今社会人才竞争的必备条件之一,也是一个人事业成功的重要条件。掌握必要的沟通和交流的技巧,有助于学生顺利步入社会,适应工作环境,对于学生以后的工作和生活都具有积极而又深远的影响。

在目前高职院校学生群体中,沟通能力欠缺是一种普遍现象,人际交往能力较弱已经成为学生学习和生活的一大障碍。由于对键盘沟通过分依赖,很多高职学生在面对面的语言表达能力方面存在明显缺陷,不能够自如地运用语言去表达自己的思想，心里有话说出来却往往词不达意，并且由于过分紧张或者不良习惯而表现出来的不适宜的身体语言，更是阻碍了与他人之间的顺畅交流。在倾听方面，很多高职学生不能够做到安静地倾听，细心揣摩他人言语中表达的心意，浮躁的心气使他们急于打断别人的诉说，用自己的话语曲解别人的意思，使得沟通不能够顺畅且有效地进行。

良好的与人沟通的能力并非与生俱来的，也并非人人都有，后天的习得和锻炼起着重要作用。刚刚进入高职院校的大学生，面对学习和生活环境的巨大变化，他们有着强烈的与人沟通的愿望，而且他们的性格和能力具有高度可塑性，这正是培养和提高学生沟通能力的关键时期。

沟通是人与人之间思想和情感的传递和反馈的过程，是一个动态的、交互过程，更需要学生努力学习与人沟通的技巧，因此，笔者所在的高职院校所有的专业都开设了相关课程，由本课题组教师为学生讲授在人际交往过程中需要学习的沟通技巧。沟通技巧的课程学习能够在真正意义上辅助学生掌握沟通的艺术，以应对当前社会的激烈竞争。

（3）谈判

杰勒德·尼尔伦伯格在《谈判艺术》一书中提出：谈判的定义最为简单，而涉及的范围却最为广泛，每一个要求满足的愿望和每一项寻求满足的需要，至少都是诱发人们开始谈判的潜在原因。只要人们为了改变相互关系而交换观点，只要人们为了取得一致而磋商协议，他们就是在进行谈判。谈判通常是个人之间进行的，他们或者是为了自己，或者是代表着组织的团体。因此，可以把谈判看作人类的一个重要组成部分，人类的谈判史同人类的文明史一样长久。

人类世界离不开谈判，人们通过谈判来寻求某种平衡，来维系、推进人类的文明和社会的发展。谈判是多种多样的，有家庭生活谈判、工作管理谈判、商务谈判、党派谈判、宗教谈判、外交谈判、军事谈判、政治谈判，等等。谈判成功会促进双方关系更加和谐，谈判破裂则使双方关系更趋紧张。人类文明发展到现在，越来越多地使用谈判来解决各种问题。

笔者和学生重点学习讨论了三个部分的知识。第一部分为社交礼仪。

其一，不学礼，无以立。从学习中华民族"礼仪之邦"的礼仪文化开始，步入愉快的礼仪殿堂。明白礼者敬人、礼仪无小事；领悟礼仪体现教养，教养体现于细节，细节决定成败。

其二，设计美的形象。成功的交往一般从良好的第一印象开始，而第一印象的形成往往取决于对方的仪表、仪态和语言所传递出的信息。所以，仪表美，悦人者悦己；而仪态美，则是举手投足间尽显魅力；语言美，在温暖他人的同时也照亮了自己。而对于大学生来说，还可以把大学校园作为自己进行形象设计的练习与展示的舞台。

其三，学会交际礼仪。社会交往活动是每一个人通常都会面临的课题，我们要学会遵守基本规范和准则。包括如何见面打招呼与介绍，餐桌上怎样成为淑女与绅士，大学生如何利用校园环境实践交际礼仪。

其四，提升礼仪修养。形象美是外表与气质的统一，内在修养是根本。素质决定修养，包括文化素质、道德素质、性格品质等。对于即将踏上社会工作的大学生来说，大学是修炼气质与风度的乐园。

第二部分为沟通艺术。

其一，沟通无处不在。在我们的学习、工作和生活中，沟通都有着重要的作用。沟通可以消除误会与怨恨，可以化解尴尬与矛盾，可以表达真诚与祝愿……所以，沟通可以让我们的生活更加愉快美好，沟通可以让我们的人生更加轻松精彩。

其二，具备沟通的前提。要想实现高效沟通，必须满足前提，必须懂得：尊人者，人尊之；雄辩是银，倾听是金。必须做到：感人心者，莫先乎情；严以律己，宽以待人。

其三，展示沟通的艺术。对于年轻的学生来说，最在乎的也许就是恋人、朋友和工作。在当今社会学生一定要学会展示沟通的艺术，通过与恋人沟通，让爱情之花更美；通过与朋友沟通，让友谊天长地久；通过求职沟通，让事业精彩成功。

其四，增强沟通的能力。学生要培养自己良好的心理素质，增强沟通能力。认识自我，拥有自信，自知者明，自信者强。大学生在校园里，要塑造健康的人格，实践沟通技巧，提高人际吸引的艺术，为不久的未来踏入职场做好充分的准备。

第三部分为谈判，把兵法融入谈判，增加学生的兴趣，同时让学生领会每个人都应该成为主宰自己命运的高明的谈判手。具体内容如下：

虞者必胜——谈判考察（置身谈判世界，解读谈判理论，把握谈判心理）；

知己知彼——谈判准备（搜集谈判信息，分析谈判信息，制订谈判方案）；

运筹帷幄——谈判开始（提高谈判兴趣，妙用谈判开价，应对对方报价）；

循循善诱——谈判磋商（磋商交易条件，评估谈判局势，化解谈判冲突）；

求同存异——谈判成交（阅读成交信号，签订谈判合同，规避合同风险）；

兵家之道——谈判策略（领悟谈判策略，选择谈判策略，运用谈判策略）；

开诚布公——谈判沟通（驾驭沟通语言，学会观察倾听，做好巧妙问答）。

在长期的教学实践中，笔者深感这些知识对学生的浸润确实可以带来学生综合素养的提高，在学习中渐渐发生言行举止和内在认知的改变。很多学生在学习中认识到礼仪形象的重要，绝非时装加身或彩妆美化那么简单；沟通和谈判中都离不开礼仪；沟通和谈判之间有着紧密的联系甚至难以划开的界限；沟通和谈判需要语言、智慧和团队合作。这些都是高职学生未来工作中必需的素养，其实也是工作技能。通识知识与专业技能完全有机融合。

一年多以来的导师实践体会，让身为导师的笔者感到教育就是一棵树摇动一棵树，一朵云推动一朵云，一个灵魂唤醒另一个灵魂，只要有坚定的教育信念，必能让高职学生不仅拥有高技能，而且拥有高素质，拥有优秀的职业素养。

第五章 高职通识教育实施的途径

当然,导师制的深度实施也需要关联到高职教师的绩效考核评价机制。导师工作需要教师投入大量的时间与精力,这对于承担着大量教学任务与较重科研压力的教师来说,是巨大的挑战。同时,导师工作的绩效显现目前也难以量化衡量。如何通过科学合理的教师绩效考核评价,激励高职教师把导师工作落到实处、落到深处,是高职院校绩效改革需要纳入的内容之一。

(二) 建立戏剧社团和表演社团

丰富校园的社团活动,就是丰富学生的校园文化生活,培养学生组织活动的能力和积极参加活动的兴趣。大学通常都有很多的社团组织,每一年新生入学之后最有意思的一件事就是选择并加入自己喜爱的社团。比如笔者从教的学院,学生最感兴趣的是辩论社和音乐舞蹈类的艺术社团。学生最喜欢的活动也是辩论赛、合唱团大赛、舞蹈大赛,为了比赛甚至希望上课请假、愿意熬夜排练,其投入和敬业的态度让人赞叹。很多学生对于这些社团活动的热爱远远高于对学习的热情,一方面是因为现代的艺术培养资源很丰富,家长基本都会送孩子去参加音乐或舞蹈类的艺术兴趣班,所以很多学生有一定的音乐或舞蹈基础;另一方面是因为高职学生的学术学习兴趣不强,玩音乐玩艺术与学习比较起来,他们更喜欢前者。

为艺术比赛而进行的训练很辛苦,能够培养学生的毅力和团体协作力,但是在教练指导下训练总归是机械性地练习,笔者认为需要增加学生深度阅读、深度思考、准确表达能力训练的社团活动,如戏剧社团或表演社团就是很好的选择。通过阅读名著名作来领悟书中人物的思想,然后利用语言和肢体动作表达出来,是很好的提升综合素养的活动。事实上,登上舞台表演,感受被关注被鼓励被肯定,也是学生心智发展的需要。这种融娱乐文化和精神升华于一体的社团活动,应该在高职院校广泛推广。

为什么国外很多著名的演员都有一流大学的学习背景?并不是他们特意用一流大学的学历来装点门面,而是因为名校里都有戏剧社团,大量的名著阅读、专业的指导加投入地学习，就可以奉献出具有相当高水准的表演盛事。这不是简单机械地唱唱跳跳就可以实现的表演，而是需要深入作品世界进行阅读学习、思考讨论，然后表达和演绎。这不需要学生具有艺术基础，是全体学生都可参与的团体活动。鉴于高职院校的学生一般都有丰富的业余时间，这种大型的团体活动正是帮助学生丰富课余生活的良好方式。

目前有的高级中学每年开展校园心理剧大赛，鼓励学生积极参加比赛，通过在心理剧编排中深刻感受校园学习生活的细节。作为高职院校的学生，可以编排包括校园心理剧在内的戏剧故事，通过团体阅读和讨论、亲身演绎，感受生活的乐趣，抛开无聊，告别精神文化生活的乏味，爱上阅读，爱上校园生活，爱上校园小伙伴们。

为了培养学生的终身学习能力，就必须加强高等学校的终身教育。高等职业院校未来将全面提高服务学生终身学习能力的职能，终身教育所具有的终身性、全民性、广泛性及灵活性的特点，势必带来高等职业教育的教育目标、教育手段等方面的变革。学校教育不可能再是单纯的知识传递和技能传授，而应贯彻"全人"教育的理念，培养学生的全面发展。1996年，联合国教科文组织就已经在《教育——财富蕴藏其中》报告中提出了面向21世纪的教育理念：教育的目标是促进被教育者形成完备的人格和全面的发展，即智力、身心、责任感的全方位发展。这样的理念就是呼唤教育避免出现人才培养过程中过度工具化、功利化、专业化现象，唤醒学校的教育价值，也就是从注重工具价值向重视人的内在价值回归。终身教育理论提出的"学生存""学会学习""学会关心"理念为通识教育与专业教育的有机融合、协调发展指明了方向。高职院校尤其需要被唤醒教育的价值，在提供专业技能教育的同时一定不要忘了促进学生全面发展，实现高素质的通识教育。

第七节　探索多样化的教学方法

高职教育与普通高等教育在人才培养目标、教育对象、教育内容、师资队伍建设要求等方面存在差异。高职院校是面向人的教育，教学过程中，在运用项目教学、案例教学、情景教学、工作过程导向等教学方法进行专业教育的同时，积极探索适合高职学生通识教育的教学方法。

一、推动信息化教学

高等教育信息化目前已经发展到2.0版，《职业教育提质培优行动计划（2020—2023年）》中也明确提到职业教育要充分利用教育信息化，在信息技术环境下充分利用优质师资资源，推动教学资源库、网络在线开放课程、模拟仿真软件等建设，构建高职教育教学资源信息化网络，加强精品慕课等教学资源共享。职业院校虽然一直在大力推进信息化教学，但是教与学真正使用信息化资源的效果并不十分理想。每一年高职院校都参加各级别的信息化教学比赛，以及现在提倡的教学技能大赛，但是依然还是在比赛和获奖中踌躇满志，难以在实际的每一天教学中推广获奖教师的教学手法。为了在比赛中取得好成绩，各院校花费大量人力物力，动用各种资源，然而比赛中采用的教学设计难免只是停留在"设计"上，不能保证都是立足于教学实际。各院校也都很重视建设国家精品在线课程，但是在线课程的网络资源在实际教学中的使用率并不高。一方面高职学生自主学习的能力不够，另一方面教师在合理有效使用信息化教学资源的能力方面还有待加强。资源网络化和共享是时代特征，教育更需要适应信息化时代的要求，合理使用优质网络教学资源，既是教师终身学习的体现，也是现代化高职教育的体现。高职院校应该以具体的培训和支持措施来促进信息化教学手段的推广，这样的措施一定要普及每一位教师，实现在每一位教师的每一门课程教学中都有合理使用优质网络教学资源的部分，这样才能让师生对知识的理解视野更加全面。

二、开展通识教育实训教学

实训教学并非专业教育的专利，通识教育教学中应挖掘课程内容，梳理通识教育中演讲训练、名著情景剧演绎、美仪美姿训练、社交礼仪训练、团队拓展训练、计算机应用软件实操、英语情景对话、影视配音等真实工作项目，强化学生的参与式学习、体验式学习。

笔者在多年的礼仪实训课程教学中，深刻体会到这门通识课程采用实训式教学的效果。很多院校开设的类似课程多以礼节性的工作场景或仪式作为设计项目的类别，比如乘车礼仪、餐厅服务礼仪、剪彩仪式礼仪等。笔者认为，礼节性的知识和技能都是人人学得会的可操作性的规范，而礼的本质则是"礼者敬人"和"礼由心生"，没有礼就没有仪，礼仪更重要的是内在而非外在，体现在细节，细节决定成败，细节展示素质和教养。因此，笔者希望学生对礼仪的认知和展现是"由内到外"，举手投足间自然体现的。鉴于此，笔者的实训项目设计如下：

① 认知"礼"。从礼的相关概念开始，正确理解礼仪的内涵、"礼"的态度和"礼"的操作规范；从与礼相关的典故、成语故事入手，了解中华礼文化的博大精深。

② 礼仪姿态认知和训练。正确的理解仪态礼仪的重要性，并且通过实践练习提高对仪态礼仪的重视。

③ 妆容、领带礼仪认知。女生不仅要会化彩妆，关键要知道化妆的目的及对美的正确感知；男生不仅会一种领带打法，关键要知道商务正装的良好搭配。

④ 认知个人形象的意义。个人形象是个全方位的概念，正确理解形象的含义，找到个人形象构建的要素和方法，全面提高自身知识涵养素质以增加个人形象的魅力。

⑤ 个人形象设计。包括从设计正确的校园形象到未来职业形象，从外表到性格，从知识层次到气质风度等。

⑥ 商务交流礼仪认知与训练。认知人际交往和工作交往中与人沟通的礼仪，包括既定的规则和沟通的态度、技巧。

⑦ 文书交际礼仪训练。针对学生过度依赖手机而很少愿意手写的情况，让学生重温写书信的规范，懂得正式的书信礼仪。

⑧ 求职应聘训练。实践与职业联系，服务于职业发展。从一分钟推销自我的语言和内容逻辑性，到求职应聘中的仪表仪态礼仪、思考能力和回答问题的水平及正确的心态。

⑨ 交流体会与撰写实训总结。和同学、老师交流是沟通能力训练的好时机，互相交流作业的完成过程和学习心得，也是培养团队互助、互相成就的方法。而撰写总结则是培养学生反思、总结、书写的能力。

虽然学生接受的实训课程只有52学时，可是对于学生的改变是显而易见的。比如，有些学生在刚开始的项目实践中，几乎不敢在众多同学面前开口说话，有些学生是一说话就出现一堆语病甚至会结巴，有些学生自我意识太强，难以和组员愉快合作，等等。然而随着实训的推进，所有上述问题都渐渐得以改善，学生出现可喜的表现。

曾经有一位学生在"求职应聘之一分钟推销自我"的实训中，还未开始就请班长来告诉笔者自己有点结巴，恐难以达到流利陈述的要求。笔者看出他的担心和自卑，于是让他放下心理包袱，在大家都在当众练习时，笔者没有让他加入，而是直接与他一对一练习。在单个辅导过程中，笔者惊讶地发现其实他在陈述一个主题时是可以基本流利不结巴的，反而是在平时说话聊天时非常结巴，也就是说，他的说话结巴是可以克服的，只要慢慢改变说话的习惯即可。经过半天的一对一练习，他已经可以完全流畅地介绍自己，于是笔者告诉他接下来就可以走向同学中间，勇敢地大声说出自己，一定会带给同学们惊喜。当他走向演讲台时，笔者示意全体同学给他足够的眼神关注以鼓励他的首次登台表达自我。果然他克服了语言和心理障碍，用优秀的表现获得全体同学的掌声。笔者告诉他一定要相信自己可以的。在后面的校园形象礼仪和未来职业礼仪的实训中,他的表现也越来越自信。在这样的实训中,发现学生的问题,进行有效沟通,学生不仅学习到知识、锻炼了能力,还能增强自信心和养成开放的性格。

笔者在 2018 年的礼仪实训课堂中,碰巧遇到了某个宿舍的女同学发生集体矛盾的事件。刚开始实训的一天早上课前,笔者一进教室就听到几个女生在激烈地争吵,笔者上前制止住她们。经过一番询问,笔者发现不过是四个室友因为鸡毛蒜皮的小事而形成的积怨,互相看不顺眼,而且这个三对一的积怨已经积累了一年有余。这样的案例绝不是个案,让笔者思考很多,于是笔者在礼仪实训课中微调了实训项目,把"个人校园形象设计与展示"更改为"以宿舍为单位的团队形象设计和展示",要求宿舍成员互相之间进行剖析和评价,并共同为宿舍的特色形象进行设计。当完成这份作业进行展示的时候,这个原本众所周知不和睦的宿舍,奇迹般地在讲台上通力合作,而且每个人都对宿舍之前的矛盾进行了反思和自责。

几乎所有学生在 52 学时的礼仪实训过程中,都在渐渐改变,变得比以前豁达、大方,变得比以前健谈,也变得对同学和老师更有礼貌。通过对教学实践中多个真实案例的总结,笔者认为,把校园生活中真实的案例故事作为通识教育课程设计实训项目的启发,设计出的实训项目会让学生觉得更加有意思,知识来源于生活又反作用于生活,实现了正确认知"人与人""人与社会"的教学目标。

三、实施通识教育课程的项目研究式的教学

对于职业教育而言,教学与研究一样是可以互相成就的。为了培养学生的创新思维或者创业能力,适当地引导优秀学生参加研究项目的学习,是很有必要的。高职院校的通识教育管理部门可以召集专业教授和行业企业专家共同讨论,开发出适合学生的通识教育项目,拟定出研究项目指南。当然,教师自己的研究项目也可以吸纳其指导的学生加入研究讨论。学生在教师指导下充分利用图书馆馆藏资源和电子资源开展文

献阅读,实训室里进行项目实验,走向社会进行实际调研等。在这样的项目研究中,学生养成思考研究的习惯和对学术的敬重,教师还可以从中帮助学生寻找创新创业的机会,而毕业论文也在这样的项目研究中自然完成。用心学,灵活用,学以致用也是我们实施教育的愿景。

第八节　全员参与技能比赛

职业院校无一不极其重视技能大赛,尤其是官方举办的高级别赛事,学生获奖,也许会给学校带来较大的社会影响力。以赛促教、以赛促学的宗旨固然是好,然而在"奖项"功利心的驱逐下,"赛"距离真正与教挂钩、与学挂钩还较远。为了让全体学生都能体会技能比赛的乐趣和价值,让全体教师都能寓赛于学,笔者认为,高等职业院校应该把重心放在自身组织的技能比赛活动中,这样才能真正实现以赛促学、以赛交友,实现全员技能化。

笔者认为,本校同专业的班级之间开展技能竞赛、不同专业之间开展相同知识技能比赛,以及和兄弟院校之间举办同专业的联赛等,让每一位学生都有机会参与其中,每一位学生都可以参加多个自己感兴趣的技能项目,实现全员技能比拼。技能比拼过程促使每位学生都认真学习知识与技能,互相比学帮超,在训练比赛中磨炼意志、平和心态、开放包容,这才是比赛带给学生终身受益的财富。去除功利化的比赛对于学生来说更加具有普及性和实际价值。我们不仅是在技能大赛中训练学生的技能,更是适应当前国家对职业教育要求的"1+X"证书培养模式。在这样的比赛活动中,学生通过学习和历练,自然而然地成就职业精神,成为一名符合国家要求的技术型技能人才。

以笔者所在学校的市场营销专业的学生为例,一个学生如果可以参加多个与营销有关的技能比赛,那么对于获得多项技能证书将大有裨益。我校有市场营销专业、电子商务专业、网络营销专业、物流专业等专业组成的专业群，每个专业都有适合本专业学生的职业技能考证，而市场营销专业的学生不仅可以实施线下营销，也熟悉线上营销和推广，因此，上述专业群中各专业的技能考证对于市场营销专业的学生来说都有符合添加的可能。所以他们可以参加专业群里的任何一项技能比赛活动，通过参加活动练习技能，同时拿到多张职业资格证。有能力的同学还可以凭借通识课程的自由选课和自学，参加其他跨专业的技能比赛活动，比如助理会计师、国际商务师、商务英语等从业资格证，为实现"1+X"的证书制度构建了实施的桥梁。

第九节 邀请本科院校为高职学生开设部分通识课程

高等职业院校健全通识教育课程体系必然需要一批具有通识教育经验的教师团队，团队的建设如果无法在短期内达到理想的效果，不妨与当地本科院校建立合作关系，邀请本科院校教师来校兼职担任部分通识课程的主讲教师。本科院校对通识教育的研究相对较多，课程体系比较完善，教学经验较丰富，如果高职院校开设类似的通识教育课程，本科院校无疑有很多经验值得学习。

在目前的高等职业院校里，除了国家规定的必修通识课程的任课教师之外，其他专任教师基本是专业教师，鲜少研究通识教育，即使有选修类的通识课程，也常常流于形式，一般需要让位于专业课程和技能实训课程，从而导致通识课程大多不被学生重视，甚至产生通识课程被边缘化的倾向，任课教师的水平极其有限，地位也不及专业课教师和技能比赛指导教师。学校之间互相交流学习也几乎不会涉及互相学习通识教育体系的构建。因此，短期内期望高职院校具有高素质的通识教育教师队伍，这一目标比较难以实现。而能够学习借鉴的对象无疑是周边的本科院校。

以笔者所在的职业院校为例，所在地区有苏州大学和苏州科技大学，

第五章　高职通识教育实施的途径

两校都是具有悠久历史的优秀本科院校，也是我们的学生转本时希望冲刺的好学校。苏州大学自2013年开始探索"通识教育与专业教育相融合"的人才培养模式改革，重构课程体系结构，在人才培养方案中逐步嵌入新生研讨课和通识选修课，形成了由通识教育课程、专业教育课程和开放选修课程为基本架构的课程体系。苏州大学专门成立了通识教育工作委员会，由分管校长担任该委员会主任。经过委员会前期充分的调研和论证，学校于2014年7月出台了《苏州大学通识教育课程改革方案》，明确了苏州大学通识教育课程改革的目标、课程体系设计、课程建设要求及实施步骤等。从2014年开始，苏州大学通过遴选准入、立项建设的方式分批建设了200门左右的通识选修课程，分布于文学与艺术、历史与哲学、社会科学、数学与自然科学、科技与发展五大模块中。经过多年的实践和探索，目前已确立了通识教育课程改革项目的建设标准，保证通识选修课程的开课质量。2017年5月召开的学校通识教育工作委员会会议明确了苏州大学通识核心课程的建设思路，标志着苏州大学通识教育课程改革正式进入2.0阶段。随后苏州大学加入大学通识教育联盟，该联盟由北京大学、清华大学、复旦大学、中山大学于2015年共同发起创立，旨在推动中国高校通识教育的发展，增进高校在通识教育方面的相互交流、协作与支持。可见加入联盟的高校都十分重视通识教育经验的学习与交流，希望能够在优质资源共享、学生校级交流、教师互访学习、通识教育研究等方面加强合作，让本校的通识教育越来越完善。

苏州科技大学对于通识课程的教育则是：各专业学生须完成不少于8学分的通识教育任选课，其中创新创业模块2学分，艺术鉴赏与审美体验模块2学分，其他类别包括科技进步与科学精神、文化传承与国际视野、哲学智慧与思维训练、健康教育（非体育类）等模块共选修4学分。跨学科任选课按其所属学科性质分为科技、人文、艺术和体育四大类，普通全日制本科生至少须取得5个跨学科任选课学分，其中应选修艺术类2学分、体育类1学分、其他2学分；专转本学生至少应取得2个跨学科任选课学分，所选修课程类别不做结构性要求。虽然大部分的通识课程采用在慕课等平台学习超星尔雅网络通识课程和苏州国际教育园网络共享课程，但是配备有主讲教师和研究生助教，积极开展答疑和讨论课。

由上我们不难发现，这两所本科院校已经相对进入比较完整的通识教育课程改革实施阶段，有丰富的课程资源和授课教师资源。高等职业教育对待通识教育的态度都较淡漠，毫无经验可谈，因此，构建通识教育的体系只能向本科院校学习。一边学习一边邀请有经验的教师成为高职院校通识教育的指导专家，并且来校兼任通识教育课程，将是高职通识教育课程构建的有效途径。同时通识课程共建和良好的合作关系也有助于我校学生转本对接这两所本科院校。一方面学生会因为可以享受到本科院校教师带来的生动的通识教育课堂而感到幸福，增加学习的兴趣，满足对本科课程学习的好奇；另一方面增加学生对本科院校教学的了解，对于今后成功转本无疑也有帮助。

最后，高等职业教育的通识教育的实施必然需要得到学校管理层的大力支持。目前，高职院校实施通识教育还停留在被动和单调的状态，存在对人才培养的长远教育目标不清晰、通识课程管理制度不健全、校园文化环境单薄等问题，因此，高职院校开展通识教育改革势在必行，甚至迫在眉睫。高职院校管理层对目前高职教育现状存在的问题要能够给予认同，比如学生学习的目标不明确，没有对知识技能较强的"好奇心"，职业技能培训过度并且功利化，职业精神的培养难以落在实处等诸多因素阻碍高等职业教育向更健康的方向发展。而当前高职院校追求的目标难以脱离短平快的境地，见效快、反映好、荣誉高是大家普遍看重的目标。然而教育是百年大计，一切短平快的教育激励措施都必须接受时间和时代的考验。大力融合通识教育进入专业教育、培养具有创新思维的高素质技术技能人才的建设理念，需要学校管理层认同。作为一种全人教育的通识教育不可避免地要融入高职教育的人才培养中，在培养学生可持续发展的职业能力、提升其职业素养等方面起着越来越重要的作用。

第六章　中国高等职业教育实施通识教育的趋势

怎样才能适应国家《职业教育提质培优行动计划（2020—2023年）》，让职业教育和本科院校教育具有同等社会地位，是职业教育眼下发展需要着力解决的根本性问题。

中国高等职业教育近20年的快速发展，极大地满足了城市经济发展对技能人才的需求。但是我们不得不承认的现实是：高等职业院校的生源质量不高，其人才培养方案重点强调"一技之长"，毕业生就业方向与在校接受培养的专业匹配度不高，职业发展的能力有局限，寻求更高学历层次的学生数一年比一年多。这一切从本质上说明高等职业教育的内涵建设还有很长的路要走。在智能化和信息化的未来社会，只有一技之长的工具人不会有良好职业发展的市场，从来不存在终身职业，只有终身都在学习、具有技术创新能力、热爱职业的技术型技能人才，才是企业需要的。高等职业教育只有培养出这样的人才，才算真正的教育成功。重视通识教育是高等职业教育发展的必然趋势。

第一节　让教育回归教育的本质

让教育回归教育的本质，是一切学校包括高等职业教育的使命。在眼下新的职业教育发展时期，高职院校更应该抓住机遇，找准自己的定位，深化教育教学改革，从教育的本质出发，从学生的综合素质、学习能力、职业前景、职业精神、企业与行业的要求等多个维度考量人才培养方案和目标，重视学校的内涵建设，改善教育与受教育硬环境和软环境，从眼前的利益目标中抽离出来去放眼未来，为学生未来的可持续发展和国家的创新发展贡献出自己重要的力量。

经济"新常态""中国制造2025""互联网+""大众创业，万众创新""一带一路"倡议是国家的战略，是当前社会发展的态势。这一切归根结底是"人才"教育。国家发展最需要的就是具有创造力和创新精神的高素质人才，专业知识和技能只是人才素质池中的一片水域，能够把多种知识、技术和技能融会贯通进行创造创新，才能在整座池中自由鱼跃。通识教育与专业教育高度融合的高等教育才能培养出学生优秀的综合素养。

我们的学生在高中阶段接受的就是应试分科教育，难免存在文理偏科的情况，而进入高职院校后，接受的又是完全"偏科"的培养。当前高职院校的专业设置和课程划分过于精细化，以市场营销方向为例，高职院校可能同时设置市场营销、网络营销和电子商务等相关专业，如果防止专业课程之间出现雷同，则必然是在细化的基础上继续细化课程。而每一个专业开设的各门细化专业课程之间出现知识的重叠和技能的雷同的可能性就很大，例如，市场营销专业的课程设置可能同时出现市场调查与预测、市场营销策划、市场营销学原理等课程，这其中必然出现大量的知识技能的重合点，因为学习营销策划必然要包括市场调查和预测。由此在学生接受教育的过程中不可避免地出现以下弊端：一是学生每天学习的内容专业知识占比过大,缺少涉猎学习,被动学习被动练习的结果将是向着技能化的"工具人"方向发展;二是专业划分过于精细,知识体系被割裂,忽略了学科之间的关联和融合,学生缺少跨学科跨专业学习的能力。这些问题导致培养出的人才缺乏通识性,知识结构和技能结构单一而枯燥,未来职业中解决复杂问题的能力将欠缺,缺乏科研精神和创新意识,难以享受工作的乐趣,未来职业发展的能力必然严重不足。因此,高职院校的教育教学改革必须破局,打破固有观念的局,打破单一技能的局,打破理念狭隘的局,通过开设符合国情的融合各类知识的通识教育课程来改变现状,这不仅有利于增强学科专业之间的联系,完善高职院校整体的人才培养体系,更有利于培养学生的完善人格,努力把学生培养成在快速发展的未来社会里依然能成为有思想、有文化、有情感、有意志、有兴趣的"全人"。

今天的社会发展快,未来发展会更快,今日寻找到一份较理想的工作,不代表明日这份工作还属于自己。未来社会,各种因素决定人们的职业经常变化,这也许会成为常态。因此,企业要求员工是一专多能的复合型人才也是常态,正因为如此,国家提出"1+X"证书的职业教育培养模式。因此,高职院校必须改变高等职业教育培养出来的学生知识面狭窄、学未必能致用等问题,加强学科专业教育与广博知识的融合,着重培养学生的职业发展可迁移能力。通识教育正是强调不同学科知识间的融合贯通,注重培养学生的思辨能力、创新能力、跨学科解决问题的能力。推行通识教育是高职院校回归教育本质,找准自身定位,既是满足自身可持续发展的需要,也是面向未来社会提升学生在人才市场竞争能力的最佳选择。

第二节 应用型本科职业教育发展的启示

《职业教育提质培优行动计划（2020—2023 年）》已经明确未来职业教育的领域将出现越来越多的应用型本科大学，培养本科学生，设置研究生培养点。职业教育的本科院校将拥有本科和职业两个核心词，这必然带来新的定位的解析。本科职业教育的生源质量、办学要求、就业水平必然和今天的中职与高职有明显的区别。无论培养政策如何制定，有一点必是毋庸置疑：本科学生对知识的渴望度高，学习能力强，跨学科学习实践的愿望强烈。

前不久一则有关大学通识教育的报道给笔者留下了深刻的印象。《光明日报》头版报道了南京大学创新的通识教育改革。2020 年秋季，南京大学正式启动"科学之光"通识课，由 6 位院士、25 位长江学者加盟，帮助本科一年级新生感受科学的魅力和价值，挖掘对科学的兴趣，启发科学思维。这一项目包含了 5 门通识课程："科学之光"——物理改变世界、"科学之光"——微结构光子技术、"科学之光"——认识宇宙、"科学之光"——地球科学探索与实践创新之路、"科学之光"——电子信息新时代，每门课程由一名院士或长江学者领衔。所有专业的学生都可以选修通识课程，这对于认为"科研远在天边"的新生来说，尤其是文科专业的学生来说，无疑是令人兴奋的消息。虽然随着课程的推进，必然会感受到科学的难度和高深，可是用正确的心态勇于面对挑战，提出问题并找到解决问题的方法，正是当代大学生成为未来国家栋梁的必备素质。通过这种通识教育改革，把科学精神和人文素养有机融合，鼓励学生永远保持好奇心，敢于突破专业和知识的界限，勇敢追求真理。

这则令人兴奋的新闻也带给我们启示，专业课和通识课的融合是未来高等教育的趋势，学生可以横跨专业选课学习，教师也可以横跨专业授课和指导学生。正如南京大学的这次"科学之光"的通识课程，正是

第六章 中国高等职业教育实施通识教育的趋势

科学领域的教师为全体新生带来这一系列的通识课程，甚至是具有浓厚的人文底蕴的科学通识课。

对于我们高职教育工作者来说，专业教师同样可以成为通识课程教师，通、专有机结合，是未来高职院校通识教育的发展趋势之一。

而南京大学的这类通识课程通过线上直播，让更多校内外的学生得以共享。笔者认为这也是高职教育可以利用的线上通识教育资源。未来一定会有越来越多的大学建设公共通识课共享平台，我们应该做到以下几点。

其一，加大网络教学资源的合理使用和管理，是未来高职院校实施通识教育的一条途径。在2020年春季学期的线上教学中，很多教师已经开始使用网络教学资源，比如大学慕课，海量的通识课程可以让学生自由徜徉。对于短期内无法实现完备通识课程体系建设的高职院校来说，运用信息化手段提高通识课程的普及，显然是高效的好事。然而我们的学生普遍积极性和自觉性都不够，线上学习的监督和管理也难以控制。归根结底，还是因为学生缺乏求知欲、好奇心和自律性，而这些正是通识教育要培养的基本素养。未来，循序渐进地推进高职通识教育改革，让高职学生渐渐被熏陶成愿意探索和思考的大学生，优质的网络教学资源就可以成为所有层次的高职院校用以实施通识教育的重要平台。

其二，根据国家《职业教育提质培优行动计划（2020—2023年）》的内容，未来将会有一批本科院校转变为应用型本科，一批高等职业院校将会升格为应用型本科（现在已经有少量的高职院校实现了升格）。我们的高等职业教育将不仅有大专学历，还会产生本科学历，甚至应用型的研究生学历。升格为应用型本科院校，是目前高职高专都在努力完成的目标。应用型本科其从本质上说与高职教育一样属于职业教育，不过是更高级别的职业教育，培养的不仅是"技能人才"，更主要是"技术型技能人才"。技术型技能人才一定是有创新能力和创造力的人，不是仅靠反复的技能训练可以达到的，而且技术突破可能需要横跨学科和专业，具有丰富的技术知识，目前单一的专业技能训练的人才培养模式无疑距离培养技术技能人才较远。在未来本科教育的视野下，融入通识教育的全人式的本科职业教育才能培养出真正的具有好奇心和技术创新能力的人才。而且来到本科职业院校的学生既往的学习基础和学习能力比现在的高职学生要好,学习热情也会相对高,那么校园的文化氛围、素质教育体系、人才培养方案、课程设置的科学性、教学水平、人格的塑造等方面将成为学生和家长考量的重要内容。届时学生通过高考选择进入本科职业教育学校的境况和现今不能进入本科大学而不得已"退而求其次"来到高职教育的情况将出现巨大的差异。未来如果职业教育培养的人才与普通本科培养的文化人就业和薪酬都被同等对待,那么职业教育培养出来的毕业生必须具有优秀综合素养,在企业具有良好的岗位适应能力和创造能力,忠于职守,认同企业文化和价值观,具有宽广的胸怀和格局,不断接受新的观点,学习新知识、新技术,拥有新的职业能力。这些都是对目前职业教育工作者提出的挑战,人才的质量才是学校立足之根本。唯有去除功利心,放眼于未来,融入全球知识和技术的创新革命,职业教育才能真正迎来春天,我们才能建设成具有中国特色的在世界范围具有示范引领作用的职业院校。

第三节 职业型高等学校的未来

高等职业教育未来必然要打破"次等的高等教育"的尴尬局面,构建具有中国职业教育特色的大学文化、大学精神、大学学术和大学人才的高等学校。

1. 以技术为核心

应用型的高等教育培养的是技术技能人才,不是单一技能人才。击破培养一技之长的理念局限,走向以技术为核心的"1 + X"。

技术创新、掌握基本的科学原理,将是应用型高等教育培养出的人才的标准之一,而不是只会实操这一标准。

2. 浓厚的学术氛围

过去学生的学术氛围似乎只与学术型本科院校有关，而未来应用型的高等职业教育将会建立以技术研究为主要内容的学术生态圈。职业教育不需要研究最先进的科学理论，可是必须深入研究技术原理、技术创新。研究产业发展动态，研究市场需求，研究新产品开发、新技术应用、技术革命和创新，是必须。营造技术研究的学术氛围是应用型高等教育的责任。

过去，高职院校的老师们热衷于专利制作，未来将会是教师带领学生研究技术创新，设计发明专利，促进产业和经济发展。

3. 多元化人才培养的格局

未来职业教育的社会培训职能将会越来越重要，生源也会多元化，有中高职衔接，有高考录取生源，还有大量的前来培训职业技能的生源。生源的知识结构和年龄层次都会呈现多元化，因此，人才培养的方案也随之多元化，课程和管理都将适应生源的特点而量身定制。

4. 独特的大学文化内涵

大学的文化内涵是大学的精髓，也是大学持久的魅力所在。应用型的高等教育是立足于产教深度融合的大学，工匠精神是此类高等教育的大学精神。既往我们都在为了快速发展而奔跑，未来应该要停下脚步思考我们的大学文化内涵是什么。每一所有名气的大学都有其独属的响亮的口号，展示大学的精神实质。那么未来的应用型大学也需要沉淀出深厚的文化内涵，喊出独属于自己的精神口号。无论我们是培养高等教育的人才，还是与企业共同育人，抑或是为社会提供职业技能培训，都需要凸显我们独特的大学文化。

从国家发展的大的趋势看，综合素质教育、通识教育、创造力、创新能力、职业精神、健全的人格、社会与民族责任感等词条已经成为教育的关键词。从中小学素质教育课程的改革及未来中高考改革的趋势不难看出，我国正在全力重视和实施从小学到大学都着力培养具有科学精神与创新能力的学生，民族的发展和复兴必须依靠教育，也只有教育才能带给我们未来。作为中国教育体系的重要组成部分，适逢大力发展职业教育的黄金时期，高等职业教育理应为培养具有科学精神和创新能力的人才贡献重要的力量。通过通识教育建设高职内涵，实现通、专融合，智识与技术技能融合，培养出具有知识涵养、探索兴趣、创新思维的复合型技术技能人才，才是高等职业教育的未来。

参 考 文 献

[1] 哈佛委员会. 哈佛通识教育红皮书 [M]. 李曼丽,译,北京:北京大学出版社,2010.

[2] 尤西林. 通识教育文献选辑(第三卷)当代通识教育的理论与改革探索 [M]. 北京:科学出版社,2020.

[3] 徐贲. 阅读经典:美国大学的人文教育 [M]. 北京:北京大学出版社出版,2015.

[4] 李会春. 通识教育理论、方法及中国实践 [M]. 北京:中国科学技术大学出版社,2018.

[5] 闫颖. 高职大学生职业人文素养 [M]. 天津:天津大学出版社,2014.

[6] 闫宁. 基于职业能力培养的高等职业教育学生学业评价研究 [M]. 汕头:汕头大学出版社,2018.